数字解读世界史

shu zi jie du shi jie shi

【英】艾玛·玛丽奥特 著 | 李菲 译

民主与建设出版社
Democracy & Construction Publishing House

图书在版编目（CIP）数据

数字解读世界史 / (英) 玛丽奥特 (Marriott,E.)
著; 李菲译. -- 北京 : 民主与建设出版社, 2016.5
ISBN 978-7-5139-1072-9

Ⅰ.①数… Ⅱ.①玛… ②李… Ⅲ.①世界史—通俗

读物 Ⅳ.①K109

中国版本图书馆CIP数据核字(2016)第083672号

书名原文: A History of the World in Number
著作权合同登记号 图字：01-2016-3702

'First published in Great Britain in 2012 by Michael O'Mara Books

Limited, 9 Lion Yard, Tremadoc Road, London SW4 7NQ

Copyright © Michael O'Mara Books Limited 2012

Simplified Chinese Character rights arranged with Michael O'Mara

Books Limited through Beijing GW Culture Communications Co., Ltd

出 版 人：许久文
责任编辑：李保华
策划编辑：黄善卓
出版发行：民主与建设出版社有限责任公司
电　　话：(010)59419778　　59417745
社　　址：北京市朝阳区阜通东大街融科望京中心B座601室
邮　　编：100102
印　　刷：北京欣睿虹彩印刷有限公司
版　　次：2016年8月第1版 2017年3月第2次印刷
开　　本：32
印　　张：7.5
书　　号：ISBN 978-7-5139-1072-9
定　　价：32.80元

注：如有印、装质量问题，请与出版社联系。

前 言
PREFACE

　　通过数字，我们可以了解到世界史的大部分内容。具体的数字可以使人物复杂而模糊的背景变得清晰，并能迅速揭示出，过去所发生的事是否能产生深远的影响。

　　对任何希望在短小精简的书里回顾历史的人而言，数字是非常有用的工具，它的功能是无可否认的。这并不意味着数字不能被夸大、窜改甚至弄错——这种情况很常见——就像讲话一样，这时数字就能歪曲我们的历史观。

　　然而，尽管如此，数字确立片段，并归档成整齐的文件夹，用数字来标识它们。从这个意义上来说，数字似乎只是代表着我们印象里的某个历史片段，在面对我们想不起来属于哪个阶段的历史时，便能按数字排列找到相应的资料。古代世界7大奇迹，马丁·路德（Martin Luther）的95条论纲，亨利八世（Henry Ⅷ）的6任妻子，马克思（Marx）提出的6个人类历史发展阶段，都证明了数字的能力。

不同的数字可以改变我们对历史的视角。大量的数字告诉我们，地球上有多少人，或者战争中被害的有多少人。（通常，数字记录的是过去惨痛的历史——多少人因疾病而死亡，多少人在战场上牺牲，或者一位国王或领袖的古怪念头就导致了多少人丧命，等等。）大的数字记录了历史的沉浮，从人口的大规模迁徙、帝国的扩张（通常也包括它们的突然灭亡），到文化和全球经济的发展所造成的深远影响。

但是，小的数字也意义非凡：它们记录了历史的生动细节，让我们明白，任何细微的变化，都可能产生深远的影响。列奥纳多·达·芬奇（Leonardo da Vinci）的《维特鲁威人》（*Vitruvian Man*）的完美比例，西班牙的八里亚尔古银币，美国的第13次宪法修正案，这一切都对世界历史产生了深远影响。

我们的过去——特殊的，非凡的，通常也是偶然发生的事件——也能被数字记录下来，如腓尼基人为制造1.5克泰尔紫染料，用了 12000 只软体动物；美国政府花了 1500 万美元买下了路易斯安那州。过去的神话传说（至少有一部分是神话），如亚瑟王的十二位圆桌骑士，罗马七丘（根据罗马神话，这七丘分别为凯马路斯、契斯庇乌斯、法古塔尔、奥庇乌斯、帕拉蒂尼、苏谷沙和威利亚）也因为这些数字而变得意义非凡（数字 7 和 12 受到大部分人的喜爱）。

有了这些数字，我们可以在时光长河里穿梭，去比较各类重大事件。如 15 世纪，郑和率领一支有 200 多艘海船的船队下西洋（直到第一次世界大战时，西方才有那么大的船队）；到 20 世纪 30 年代，1/5 的美国人拥有一辆汽车（直到 20 世纪 60 年代，英国才赶上这个水平）。我们还能够在短时间内了解到那些真正创造数据的人——比如宇航员、哲学家、工程师、物理学家，他们都对我们的历史产生过深远的影响，而且这种影响力至今未衰，比如印度学者阿耶波多（Aryabhata），他提出了非常宝贵的 0 的概念；英国数学家们在第二次世界大战时发明了"英格玛"密码系统，这一发明改变了一场世界大战的结局。

《数字解读世界史》一书摘录了一些历史中最重要的数据，

从早期的文明到第二次世界大战的爆发，等等。本书篇幅简短精要，却比较全面地回顾了全球的历史。这些内容也只是对数字中的历史的一番小探索，为我们了解历史打开了一个宽广的切入口。我们只是希望，将历史做一点不同的包装，将人类的许多成就和所犯的罪过都通过数据的形式，展现给广大读者。

艾玛·玛丽奥特（Emma Marriott）

目　录
CONTENTS

9

32 种粮食作物

　　大约 1 万年前，世界上的大部分粮食作物（56 种中的 32 种）——如大米、小麦、大麦和玉米——都生长在一块名为"肥沃月湾"的地方，那时美洲和非洲只生长着 4 种，西欧只有一种（燕麦）。"肥沃月湾"位于幼发拉底河和底格里斯河附近的区域，这一区域包括了今叙利亚西部、土耳其南部、伊拉克、科威特、黎巴嫩和伊朗西部。世界农业社会正是从这里开始的。

　　这一地区丰富的谷物，包括野生的大麦、小麦、小扁豆、洋葱和豌豆，都是"肥沃月湾"原野上生存的人的食粮。还有

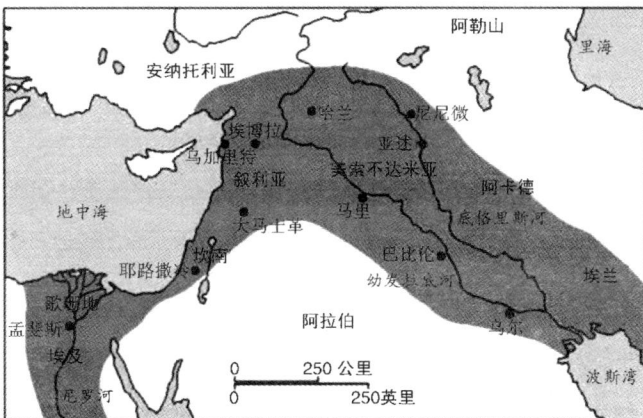

肥沃月湾（公元前 10000—公元前 4500 年）

1

足够多适合驯养的野生动物——山羊、绵羊、猪和牛（五种最重要的可驯养动物，这里有四种，第五种是马）。这里最初有足够的雨水滋养作物，不需要人工灌溉，加上这些野生动物的排泄物，为作物的生长繁殖提供了至关重要的养分，多余的粮食最终使人们在这个地方定居下来，发展生产技能，并逐渐发展成为世界的早期文明。

700 个象形文字符号

第一种已知的文字是苏美尔人发明的，他们位于南美索不达米亚平原，是最古老的世界文明之一，这一片平原正位于"肥沃月湾"之中。约公元前 5500 年到公元前 4000 年之间，苏美尔人掌握了原始的耕作方式，在这一带定居下来。他们的定居点后来发展成了小城镇，到公元前 3000 年，其中一些城邦兴盛起来，最大的一个是乌鲁克，人口数达到了 4 万。

苏美尔的每一座城都有自己的寺庙，它既是祭祀的场所，也是政务中心。人们用这些庙宇储存食物，也会在这里分发食物，组织集体劳务，并控制阿富汗运来的锡以及塞浦路斯运来的青铜等原材料。

为了管理和记录这一复杂的过程，苏美尔人发明了文字，最古老的是在乌鲁克发现的，源自约公元前3300年的泥版文书。这种早期的文字主要是象形文字，有700多个字符，很可能公元前3300年前就在使用了，而且是苏美尔文明的官员使用的，极有可能是为了记录账目的。

最终，苏美尔的文字被传播到了巴比伦、亚述、波斯等地，并逐渐演变成了更抽象更简单的楔形文字（原本单词是cuneiform，就是楔形文字的意思）。它的使用寿命将近3000年，乌鲁克灭亡于公元前2000年，之后苏美尔被亚摩利人控制了。

60分与60秒

苏美尔人的行政管理系统错综复杂，让人们有了时间观念，同时也促进了数学的发展。他们计数是以60为基本单位的，到如今，我们也是如此计时。他们将一小时划分为60分钟，一分钟又等于60秒。自此，我们也画出了一个360度的圆。苏美尔人规定，7天为一个星期，周二到周六的名字都是以五大行星的名字而命名的——水星、金星、火星、木星和土星，周一和周日分别是以月亮和太阳的名字命名的。星期制首先传到古希腊、古罗马等地。古罗马人用他们自己信仰的神的名字来命名1周7天：Sun's-day（太阳神日）、Moon's-day（月亮神日）、Mars's-day（火星神日）、Mercury's-day（水星神日）、Jupiter's-day（木星神日）、Venus'-day（金星神日）、Saturn's-day（土星神日）。这7个名称传到不列颠后，益格鲁-撒克逊人又用他们自己信仰的神的名字改造了其中4个名称，以 Tuesday（星期二）、Wednesday（星期三）、Thursday（星期四）、Friday（星期五）分别取代了 Mar's-day、Mercury's-day、Jupiter's-day、Venus'-day。

英国巨石阵里的 82 块大青石

公元前 3100 年至公元前 1500 年间，巨石阵建于英格兰威尔特郡，所谓巨石阵，就是一堆直立的长石块围成一圈堆在一起而形成的，底座是一个巨大的土质胚盘。巨石阵内圈的双层青石块和砂岩块对准的方向正好是仲夏太阳升起的地方，这就意味着，巨石阵是祭拜神明的地方。

82 块大青石，每块约 4 吨重，是从距当地 240 公里（约 150 英里）远的威尔士西南部运来的，随后运来的是 30 块砂岩石块，每块约 50 吨重，是从 32 公里（约 20 英里）远的地方运过来的。由于没有任何史料能证明巨石阵是如何建造起来的，那么，这些巨大的石块是如何运到当地的也仍然是个谜团。有人猜测是用车

（当时已经有车了），但人们仍然怀疑，木质的车轴能否承受这些巨石的重量。那些威尔士的青石块很可能是船运过来，上岸后，又由人驾着牛车将它们送往目的地。无论是哪种理论，巨石阵都证明了，史前人类能够设计并建造复杂的大型建筑。

英国巨石阵

250 万块大石块构建的胡夫大金字塔

埃及吉萨有三座古老的金字塔，胡夫大金字塔是其中最高的一座，高度 146 米（约 479 英尺）。古埃及的人们相信，他们的统治者死后，就会化身成为太阳神，而这座大金字塔正是为埃及法老胡夫（Khufu，公元前 2598—前 2566 年）所建的，按照他们的信仰，法老胡夫死后便从这里化身为太阳神升天。

金字塔的阶梯就是法老的灵魂"通往天国的阶梯"，其形状就象征着太阳的光辉。胡夫大金字塔与众不同，它的外部不是阶梯状，而是光滑的石灰石，这样便能反射太阳的光辉，很远的地方都能看到——这象征着法老胡夫和太阳的光辉一样永远不灭。

如此浩大的工程用了约 2 万名劳工和 6 千名工匠。建造耗时约 20 年，当时根本就没有车辆、吊车和滑轮等工具，这些巨大的石块（胡夫大金字塔用了约 250 万块石头）是如何被运送到工地的也一直是一个谜。有人认为，这些石块是从数百英里外的采石场，由船只从尼罗河上运过去的，另有人猜测，这些石块出自附近的采石场，有些石块被堆成了混凝土状，用车和杠杆运送即可。据最新研究显示，建造胡夫大金字塔所用的石块是从金字塔内部旋转的斜坡上推上去的，完工之后，这些斜坡便封闭禁用了。

埃及 30 个王朝

约公元前 3200 年，古埃及文明兴起于非洲东北部的尼罗河河谷，大约有 3000 年的历史，胡夫大金字塔建于古埃及文明早期。法老们更替了 30 个朝代，这些朝代被划分为三个阶段，即古王国、中王国和新王国时期，始于约公元前 2575 年，到了公元前 30 年，罗马帝国统治了埃及，法老的统治也告一段落。

第 25 个王朝

第 25 个法老王朝时期，埃及处于古非洲王国库施的统治之下，库施王国位于今苏丹共和国境内。约公元前 727 年开始，库施人便统治了埃及全境，代行法老的职责，统治埃及一个世纪，约公元前 654 年，库施人才结束了在埃及的统治。

木乃伊制作 70 天

古埃及人擅长制作木乃伊，就是为人和神圣的动物重生而保存尸体。最佳的制作技术需耗时 70 天，先要取走尸体内部的器官，并用铁钩从鼻孔里将人的大脑钩出来。然后，用多种盐混合而成的泡碱烘干尸体，躯干内会填满香料和被树脂浸化的亚麻布和木屑，然后用亚麻绑带包裹起来。这些亚麻布里面还裹着护身符，被裹好的木乃伊便置放在人形的棺材里保存。

疆域面积相当于 20 个古埃及的古代王国

印度文明诞生于印度河流域肥沃的河谷地带，位于今巴基斯坦和印度境内，约始于公元前 2500 年，终于公元前 1700 年。它逐渐发展成一个高度发达的城市文明，巅峰时期，其疆域覆盖了 130 万平方公里领土（约合 50 万平方英里），古埃及领土面积约 6.3 万平方公里（约合 2.4 万平方英里），相比之下，印度王国的疆域远比古埃及要大，相当于后者的约 20 倍。

而 1921 年前，考古学家首次发掘出古印度城市哈拉帕（今巴基斯坦西北部的古城）遗迹时，人们对印度文明还一无所知。就连现在，这一文明使用的文字，包括了 400 多个不同的符号，也只被翻译出了一部分内容，印度文明的许多重要问题仍然没有得到解答。

据已知的资料，印度文明至少有两座大城市，哈拉帕和摩亨朱达罗（每座城市约有 3 万到 4 万人口），还有一百多座小镇和村庄。城镇的道路呈网格状，管道和排水系统可是这世间最先进的（在摩亨朱达罗，每家的院子里都有砖涵厕所，与街道下面的砖砌下水道相连）。

24 指为一肘

古印度城市的布局严谨，这一严谨的态度也反映在它对一切事物的标准上，从茶壶到书写工具到重量单位，等等。长度单位，印度人用"肘"来表示，这个词表示从前臂到中指末梢的距离（约合45厘米或18英寸）。用人类普及的度量单位来看，一肘就相当于24指，类似苏美尔人用的腕尺（度量单位）。

282 条法规

与巴比伦王国紧密相关的一个名字是它的第六任国王汉谟拉比（Hammurabi，公元前1795—前1750年）。在他的统治下，巴比伦王国逐渐走向繁荣的巅峰，并逐渐控制了整个美索不达米亚平原。汉谟拉比以设定了世间第一部法典而闻名，这部法典被称作《汉谟拉比法典》（*Hammurabi Code*）。它是一部公众可以翻阅查看的法典。部分内容被记录在一块很大的人形石头上，还有一些被记录在泥板上。《汉谟拉比法典》共有法规282条，涵盖的内容包括从工人的工资到夫妻离婚，从部队服役到奴隶的管理，等等，各方面都有（其他古代文明要遵循各自的法律法规，而巴比伦王国的法律就是《汉谟拉比法典》）。最知名的一条就是"以眼还眼"的条款——倘人毁他人之目，则毁其目——但是，如果受害者是奴隶或者曾经受过伤害的平民，处罚可以减轻。

古代世界的七大奇迹

古埃及人在吉萨建造的金字塔，被视作古代世界的七大奇迹之一。古希腊的观察者们整理了各种世界上最特别的人类建筑物清单，最新的一份如下：

1. 吉萨金字塔群——建于约公元前 2600 年前后，这些是目前仅存的古埃及金字塔。

2. 巴比伦空中花园——约公元前 600 年，由巴比伦国王尼布甲尼撒二世（Nebuchadnezzar II）建造的一座宝塔式阶梯花园，位于今伊拉克境内。许多学者都认为这些花园并不是真实存在的。

3. 奥林匹亚宙斯（Zeus）神像——自公元前 5 世纪中期，这座大雕像在奥林匹亚庙住了八个多世纪的时间。

4. 以弗所的阿尔忒弥斯神庙——纪念女神阿尔忒弥斯（Artemis）的希腊神庙，位于土耳其以弗所，公元401年被毁之前翻修过三次。

5. 哈利卡纳素斯的摩索拉斯王陵墓——为波斯王国国王摩索拉斯(Mausoleum)和王后卡里亚的阿尔特米西娅二世(Artemisia II)所建的陵墓，位于土耳其哈利卡纳苏斯，修建于约公元前350年前后。

6. 罗德斯巨型雕塑像——建于希腊罗德斯港的一座巨大的青铜雕像。完工于约公元前280年，高30米（约100英尺），是古代世界最高的雕像。

7.法罗斯的亚历山大灯塔——公元前 280 至公元前 247 年，埃及托勒密二世（Ptolemy II）所修建的灯塔，位于埃及法罗斯岛的亚历山大港。

1 万块模板

赫梯人生活在青铜器时代，在今土耳其和叙利亚境内统治了 1000 多年的时间。约公元前 1600 年至公元前 1200 年，他们

赫梯楔形文字模板

的王国进入了鼎盛期，其疆域和能力相当于巴比伦和埃及王国之和。然而，20世纪之前，人们对赫梯人却一无所知。1906年，人们在古赫梯城哈图萨（位于今土耳其境内，博阿兹柯伊附近）遗址发现了大约1万块楔形文字模板，史学家们才开始对这一支好战的文明有所了解。

这些模板是用楔形文字写的，使用了巴比伦的文字拼写方式，但却是赫梯语，因此考古学家们花了近20年的时间才翻译出来。破译出来发现，这些文字记录了赫梯人的社会结构、政治、宗教和经济等各方面内容。从这些文字和一些其他资料中，史学家们了解到，赫梯人是一支野蛮的游牧民族，公元前3000年后不久，他们便从北方侵入了安纳托利亚（亚洲西部半岛小亚细亚的旧称）。赫梯人以农业生产为主（主要的养殖业是养蜂），还以好战而著称，也是最早在马背上战斗和打猎的民族。鼎盛时期，他们的王国包括了叙利亚到迦南（今以色列）的一大片领土，约公元前1300年，因对叙利亚的争夺引起了埃及法老拉美西斯二世（Rameses II）和赫梯国王穆瓦塔利斯（Muwatallis）之间著名的卡迭石之战。

第一个制作铁器的文明

人们认为，赫梯人是第一支大量制造铁器的文明，他们用铁制作工具和武器。约公元前 2500 年，赫梯人便开始制造铁器了，约公元前 1400 年，他们还发明了熔炼和凝结的方法来使铁器更坚固。直到数百年之后，大部分其他文明才开始如此大规模使用铁器。

1300 个房间的迷宫

位于希腊克里特岛北岸的克诺索斯皇宫，是克里特人所建的四座豪华宫殿之一。这座皇宫建成于约公元前 1700 年，成为了克里特岛四个小王国的中心。克诺索斯皇宫有五层楼高，约 1300 个房间，供居住、祭祀和娱乐、手工作坊和储存使用，房屋中间有一个大院子。其复杂的结构可能成为了后来希腊神话中魔幻迷宫的样本，传说希腊王麦诺斯（Minos）将人身牛头怪关在地下的魔幻迷宫内。

克诺索斯宫和克里特的马利亚宫、法伊斯托斯宫、卡克罗

克诺索斯皇宫

斯宫都是由于克里特人在地中海地区的橄榄油、葡萄酒和布料贸易所得的钱而兴建起来的。克里特文明诞生于约公元前3000年，是欧洲的第一支文明，不仅留下了宏伟的宫殿，还有精美的陶器和金属制品。

克里特文明衰落于公元前1450年前后，随后，来自希腊本土的迈锡尼文明占领了克里特岛，并接管了克里特的海上贸易。他们还在罗德斯、塞浦路斯和安纳托利亚的西南部海岸上建立了殖民地。约公元前1120年，爱琴海地区的大混乱导致了迈锡尼文明的衰落。到古希腊时代，克里特和迈锡尼文明也成为了已经过去的黄金时代，留下了无尽的谜团和传说，包括了英雄史诗《伊利亚特》（Iliad）记录的迈锡尼文明时期的特洛伊战争，相传是希腊诗人荷马（Homer）的作品。

16

12000 只贝类动物

　　远古时代，紫色（也称泰尔红紫或深紫色）是由多种海洋贝类，尤其是骨螺（软体动物）的腺体中提取出来的。提取 1.5 克紫色染料需要约 12000 只骨螺，提取过程如此耗费人力，售价也就非常高。后来，罗马贵族和教士开始穿着紫色的服饰，紫色也由此成了皇室和权贵的代表颜色。

　　地中海东部的腓尼基人是一支强大的文明，他们以商业和殖民而称霸一方，也因紫色的纺织品而著称（腓尼基一词就是由希腊语中表示紫色的词语演变而来的）。古代的作家甚至在作品中提到过，在腓尼基的提尔城里，到处都能闻到大量的骨螺腐烂后发出的恶臭气味。

　　贸易，尤其是如紫色染料、玻璃器皿、金银首饰这类奢侈品的贸易，是腓尼基财富的主要来源，约公元前 1000 年，腓尼基文明进入鼎盛期。作为海上强国，腓尼基也在塞浦路斯和非洲海岸一带建立了殖民地，公元前 814 年占领了迦太基。到公元前 322 年，提尔城沦陷，腓尼基被划入了希腊版图，当时的国王是亚历山大大帝（Alexander the Great）。

10万块甲骨

关于中国商朝的大部分史料都来源于其复杂的象形文字，出现于约公元前1500年。它由2000多个字符组成，被刻制在10万多块甲骨上（大部分是龟壳和牛的肩胛骨），这些甲骨文被发现于商朝的首都安阳（商朝后期），位于今北京西南方向。

商朝的统治者希望通过在骨头上刻写文字，然后用烧红的青铜棒敲打骨头，使之产生裂纹，以预知未来。占卜师会将裂纹翻译成统治者希望了解的问题答案。大部分问题都是关于天气、庄稼、狩猎和战争的，但也有关于个人卫生等等的，如有请教要如何治疗国王的牙痛的问题。

由于没有文字，公元前1766年，商朝诞生之前的中国历史鲜为人知。约13000年之前，长江流域的人们储存并食用大米，约公元前5000年，中国北部黄河流域的沿河平原上就有了农耕的迹象。出土的石头工具和青铜熔炉向史学家证实了商朝之前的夏朝的存在，约公元前2100年，夏朝诞生于黄河流域，但某些人却认为这只是个传说。

黄道带十二宫图

巴比伦人观察星象以了解自己的宿命，而这也促进了天文学和科技的发展。到约公元前 1000 年时，人们已经可以预测月食了，而推算出来的某些行星的运行轨迹也非常精准。公元前 1 世纪时，巴比伦天文学家们将地球围绕太阳运行的轨道和太阳在天球的年度运行轨道的截面划分为 12 个相等的区域（每一区域角度为 30 度，合起来就是一个 360 度的圆）。随后，这一理念传入了埃及、印度和希腊，十二宫图跟美索不达米亚平原的十二星宿非常相似——谷安娜（天牛）就是金牛座，马斯塔巴·巴噶尔（双子）就是双子座，格塔布（天蝎）就是天蝎座，等等。

失踪的以色列十支派

约公元前 722 年，以色列十二支派中的十个支派被亚述人赶出了以色列北部王国，后逐渐被其他民族所同化，并在历史长河中销声匿迹了（因此得名"失踪的以色列十支派"）。某些宗教教派仍然希望将来能光复这失踪的十支派，而大部分人却认为，这消失的十支派只是一个传说。

这个传说源自亚述国王萨尔贡二世（Sargon II，公元前722—前705年）征服以色列的战争，期间驱逐了3万名以色列人。公元前14世纪，亚述人摆脱了巴比伦的统治，他们可是骁勇好斗的战士，而且是优秀的武器制造者。公元前7世纪前后，他们在美索不达米亚平原北部建立了一个庞大的王国，疆域从波斯湾横跨至包括埃及在内的一大片领土。后期的伟大国王亚述巴尼拔（Ashurbanipal，公元前668—前627年在位），在都城尼尼微建造了中东第一间正规的图书馆，藏有成千上万块刻着楔形文字的土块。如今，约有20720块这样的土块被收藏在英国伦敦大英博物馆内。

七河之地

最古老的印度文献《梨俱吠陀》（*Rigveda*）提到了印度境内印度河谷上游的一个名叫"七河之地"的地方。《梨俱吠陀》大概创作于公元前1400年到公元前1000年之间，是印度律诗集《吠陀》（*Vedas*）的一个部分，"吠陀"就是"知识"的意思；它是用梵语写成的，梵语后来演化成了多种现当代语言，包括印第安语。

吠陀教被视作印度教的前身。《吠陀经》的诗篇中颂扬了大量的神明,如阿格尼(火神)和因陀罗(雨神),迈特拉(友谊)和瓦赫(语言),等等。信仰吠陀需要祭拜,要用人体器官熬制的迷幻药(然而这一点并没有得到证实)。《吠陀经》对现代的印度教来说跟其他宗教文献无异,但是,在宗教仪式、葬礼和传统的婚礼上,我们仍然能够听到一些吠陀经律诗。

180 万字

梵语史诗《摩诃婆罗多》(*Mahabharata*)是世界上最长的文学作品。它的历史可追溯至公元前 1 世纪,最终完成于约公元前 400 年。它包含了大量神话传说,主要讲述了王室两表亲之间的不和。它分为 13 个部分,有近 10 万个对句(总计约 180 万字),约为荷马的《伊利亚特》和《奥德赛》(*Odyssey*)之和的 8 倍。它记录了印度教的发展史,被印度教人视作印度教的法规。

40 吨重的巨神头像

美洲第一支已知的文明奥尔梅克人是杰出的艺术家,他们给后世留下的杰作就是自己创作的巨大的神头像——其中 17 个位于今墨西哥湾海岸沿线。每个头像都戴着头盔或头巾，每个头像的神态及其展现的个性都不一样，人们认为，它们是当时某些统治者的头像。最大的一座有 3 米高（约 10 英尺），发现于拉科巴达。

就跟其他古代大型工程一样，这些头像材料的运输和制作也相当困难。制作这些头像的玄武岩石料是从 80 公里（约合 50 英里）远的地方由船只、车辆运过来的，可能还动用了杠杆类的工具。雕刻师用的是石头制作的棒槌，因为当时还没有金属工具。

这些头像多出现于大型祭祀场所，通常都在土制的大金字塔旁边。奥尔梅克文明出现于约公元前 1500 年，奥尔梅克的文化影响了后来的中美洲文明，包括玛雅，约公元前 400 年，玛雅人打败了奥尔梅克人。

罗马七丘

据说，古罗马城是建立在七座山丘之上的：帕拉蒂尼山（位于中间的山丘）、阿文廷山、卡匹托尔山、魁里纳尔山、维弥纳山、埃斯奎里和西莲山（但这后四座山实际上只是一座远古火山山脊突出的部分而已）。最初定居于这些山丘及附近的土地之上的是拉丁人、伊特鲁斯坎人和萨宾人。（约公元前7世纪和公元前6世纪，伊特鲁斯坎文明统治着意大利中部地区，他们的艺术和文化对罗马产生了深厚的影响。）

根据罗马纪年，罗马城建立于公元前753年前后，第一任国王及建立者是罗穆鲁斯（Romulus）。在关于罗马创建的神话传说中，他和他的孪生兄弟瑞慕斯（Remus）就新城的选址发生争吵，并最终导致了瑞慕斯的死亡。罗穆鲁斯后的六位国王是拉丁人和伊特鲁斯坎人通婚而诞生的后裔。传说，公元前509年，一支贵族组成的部队推翻了国王卢修斯·塔克文·苏佩布（Lucius Tarquinius Superbus）的残暴统治之后，罗马便成立了共和国。

罗马的权势和名声为其带来了"永恒之城"的美誉，世界各地的城市都宣称自己才是"永恒之城"的发源地，其中，耶路撒冷、里斯本、巴塞罗那、伊斯坦布尔和莫斯科就都宣称是建立于七丘之上的城市。

世界人口的1/5

波斯王国疆域从东部的北印度横跨到西部的土耳其，跨度2500英里（约合4000公里），是远古世界最大、最富饶、也最有权势的王国之一。波斯王国，也称阿契美尼德王国，这个名称是根据它的开创者阿契美尼斯国王（Achaemenes）而来的，其大部分领土都是居鲁士二世（Cyrus II）在不到十年的时间里扩张得来的。公元前559年登基之后，居鲁士征服了米堤亚人（定居于伊拉克北部的印欧人），并占领了亚述。他的部队夺取了爱奥尼亚人统治的希腊城市，攻占了巴比伦，公元前529年，他将疆域扩张到了印度边境，这时，波斯王国的人口约占世界总人口的1/5。

2400公里的波斯御道

大流士一世大帝（Darius I，公元前522—前486年）时，波斯帝国甚至占领了埃及。为了统治这大片的疆域，大流士创造了一个实际有效的行政管理和税务系统，以及邮政网络，公元前500年，大流士建造了一条2400公里长的公路，从今伊朗境内的苏萨到土耳其境内的以弗所。道路上100多座中继站为旅者提供了休息之地，走完全程通常要花90天时间，但速度快的信使只要一周时间就可以了。希腊史学家希罗多德（Herodotus）是如此评价的："无论雨雪、酷暑还是漫漫长夜，这些信使都能快速完成投递的任务"，这一句话跟如今美国邮政服务的广告标语类似。

三种语言

　　大流士一世大帝的生平被刻在了今伊朗贝希斯敦的一块岩石上。石头上的文字有三种语言，古波斯语、埃兰语和巴比伦语，19 世纪时，这块石头重新被发掘出来，因而学者们破译了另外两种语言（古波斯语是由现代波斯人破译的）。他们甚至还能翻译出古美索不达米亚的楔形文字。

一神教

　　波斯统治巴比伦和迦南时，犹太人返回了耶路撒冷，他们视自己为唯一的、无所不能的神所选定的后裔，据《圣经》记载，公元前 2 世纪前半叶，这位"唯一的真神"曾向牧人亚伯拉罕（Abraham）显现。

　　这种一神教，与青铜器时代和铁器时代的人们同时信仰多个神明不一样，也跟古希腊和罗马时期的万神殿截然不同。所有信仰"唯一的真神"的人都是他的子民，这种观念影响了基督教和伊斯兰教——按穆斯林的传说，亚伯拉罕是"预言家之父"，而在《圣经》中，耶稣（Jesus）是亚伯拉罕的后裔。

女性掌管着 40% 的土地

斯巴达是古希腊的重要城邦之一，斯巴达的女性有权有势，这在远古时代的其他文明中是绝无仅有的。古希腊哲学家亚里士多德（Aristotle）称，斯巴达后期，男性数量逐渐减少，女人拥有了 40% 的土地。而现代数据显示，世界上拥有土地的女性不足 10%，相比之下，40% 还是相当可观的。

约公元前 700 年，位于伯罗奔尼撒半岛南部拉哥尼亚王国的斯巴达，成为了古希腊重要的军事城邦。它的人口包括了大量的农奴、自由人和斯巴达公民，从 7 岁开始，男性公民就要接受严苛的军事训练和教育，意在培养出自律而坚强的公民。这提高了部队的素质，使斯巴达城邦在希腊 - 波斯战争中成功抵挡住了波斯的进攻，斯巴达后与雅典展开了持续性的争斗，公元前 404 年，斯巴达称霸希腊和爱琴海地区。

斯巴达独特的社会中，上有受军事训练和教育的男性公民，下有大量的奴隶，而斯巴达的女人享有无尽的自由。她们可以继承长辈的遗产，并且份额是男性享有的一半。她们所有的财产几乎都成为了结婚时的嫁妆，这些远比雅典的女性拥有的要多得多。

雅典的女人大都依附于父亲和丈夫，然而，斯巴达的女人则能自由驾马车出入城邦，参与商业谈判，在政坛也能有一席之地，甚至能像男性一样，裸体参与体育赛事（这一点让其他希腊人惊叹）。

斯巴达法律还规定，女性到 19、20 岁才能结婚。这一点是为了保证女人生的是健康的孩子（在斯巴达，女人最基本的角色就是母亲），但事实上，这样让女人避免了早孕要承受的风险，并且能增加女人的寿命（希腊其他城邦的女性平均寿命仅有 34.6 岁，比男性平均寿命少了约 10 年）。

古希腊的四个时代

古希腊的历史通常被划分为四个时代，最开始是古风时代（公元前 750—前 480 年），此时，城邦的势力不断增强，奥林匹克运动会也是从这一时代而始的，希腊在意大利、高卢、西班牙、利比亚和黑海沿岸都建立了殖民地。古典希腊（公元前 480—前 336 年）被认为是古希腊最伟大的时代。这一时期，希腊各城邦联合起来，击败了波斯人，为了庆祝胜利，建立了巴特农万神庙。希腊化时代（公元前336—前146年），马其顿国王菲利普二世（Philip II）统治了希腊，随后，亚历山大大帝继位管理。这一时代，亚里士多德写出了多部伟大的作品，希腊文化和语言甚至影响了希腊化王国埃及和叙利亚等。罗马时代（公元前146年后），希腊变成了罗马帝国的疆域。

每4年一次的奥林匹克运动会

约公元前730年，希腊各城邦的势力和财富不断累积，古风时代（公元前750—前480年）时期，雅典、斯巴达、科林斯和底比斯四座城邦的实力最强。因为经常遭遇战争，这些城邦每隔四年会在希腊最有声望的体育盛会——奥林匹克运动会上见面。

第一次奥林匹克运动会召开于公元前776年，只有180米（约合200码）跑步比赛，但到公元前632年，这一赛事包含了摔跤、拳击、五项全能、马车和赛马。赛事一共五天，吸引了全希腊成千上万名观众（但仅限男性，女士被禁止观看比赛）。作为如宗教祭祀一样重要的赛事，奥运会闭幕时要举行盛宴，为了纪念主神宙斯，要屠杀100只公牛。

从一届奥运会到下一届奥运会之间的四年被称为奥林匹克

周期，也是古希腊纪年的基础。第一次奥林匹克周期是从公元前776年到公元前772年。由于希腊各城邦用的纪年法不一样，这一周期就成为了划分日期和年份的主要方式。

雅典军队9千到1万；波斯军队2万到10万

公元前499年，爱奥尼亚的希腊人反抗波斯统治，而波斯王朝大流士一世（Darius I）成功镇压了他们的叛乱，波斯的命运眼看着就将改写。然而马拉松之战改变了这一局面，它是希腊－波斯战争的转折点，尽管波斯军队的人数要多得多，但雅典军队还是大获全胜。

公元前490年，在距雅典40公里（约合24英里）远的马拉松，波斯军队遭遇了雅典军队。相传当时雅典只有9千到1万名士兵，然而波斯却有2万到10万名步兵，还可能有约1000名骑兵。雅典军队故意抽空中军，将主力分布在两翼，迎战波斯，将波斯主力引诱到空虚的中心。随后，波斯军队陷入雅典军队的包围之中，死伤甚重。

10年后，大流士的儿子薛西斯（Xerxes）组织了一次更大规模的对希腊的进攻（希腊历史学家希罗多德断言他召集了520万人，这个数目相当可观了，但无疑他的部队可是非常大

29

了）。公元前 480 年，波斯人成功侵入并焚毁了雅典，但同一年却被雅典和斯巴达联军打败，公元前 479 年，波斯再无力对抗雅典了。

20 岁以上的男性公民

　　古典希腊时代的第五个世纪，雅典成功击退了一次斯巴达进犯。为了防止当地僭主专制独裁，雅典人创建了世间第一个民主政权（希腊语 demokratia 的意思就是人民做主）。

　　民主政权的重要机构就是公民大会，所有年过 20 的男性公民都能够加入。当时，不包括出生在雅典城以外地方的男性居民，女人和奴隶（当时可能每一个雅典自由人就有两名奴隶），雅典总人数约 12 万到 18 万，而 20 岁以上的男性就有约 3 万。公民大会选出 500 人的议会，议会负责管理雅典的日常行政，虽然公民大会会举行全体会议，但大多数时候，只有约 6000 人参与。世间的第一个民主政权是由公民直接管理的，这一政权在雅典统治了约 200 年时间。

50万到70万纸莎草纸卷

公元前339年，马其顿国王菲利普二世（Philip II）的儿子，亚历山大大帝统治了希腊。亚历山大大帝是马其顿伟大的哲学家亚里士多德的学生，公元前333年，亚历山大大帝强劲的军队侵入了波斯，伊苏斯一战打败了波斯国王大流士（Darius），并扫荡过叙利亚，创建了当时世间最大的王国，疆域横跨今埃及到印度西北部。

公元前332年，亚历山大大帝在埃及创建了亚历山大港，在托勒密王朝的资助下，其成为了希腊化时代文化的主要中心之一。港口建有91米（约合300英尺）高的法罗斯灯塔，是希腊风格的恢宏建筑；一座博物馆和图书馆，堪称是远古时代最大的图书馆，据说馆内珍藏着所有希腊语书籍，大概有50万到70万纸莎草纸卷。

图书馆也是亚历山大博物馆的一个组成部分，是远古时代许多著名的思想家的研究所。欧几里德（Euclid）便是其中之一，他创立了现代几何学，并出了数部关于质数的著作。数学家和工程师阿基米德（Archimedes）据说就是他的学生。另一位亚历山大人埃拉托色尼（Eratosthenes）是第一个测算地球周长的人；而海罗（Hero）据说是第一个发明蒸汽机模型的人。由于连年烽火硝烟，图书馆最终被毁，而公元275年，战火仍然没有停息。公元前323年，亚历山大大帝去世，终年仅33岁，他的王国惨遭蹂躏，落入了几位马其顿首领的手中，包括托勒密王朝，托勒密在埃及继续统治了300年，直到公元前30年被罗马吞并了为止。

希腊式建筑的三种风格

古希腊建筑方式的三种风格：多利安式、爱奥尼亚式和科林斯式

古希腊的艺术，尤其是雕刻和建筑，对西方世界的艺术影响深远，直到19世纪，西方的艺术创作都受到其影响。在风格

上，古希腊建筑有三种风格（各风格的不同名称代表其各异的起源）：多利安式风格的建筑柱体坚固，柱顶未经雕琢；爱奥尼亚式风格的建筑比多利安式风格的更高更细，柱顶有螺旋状花纹装饰；而科林斯式风格柱顶更深，如一个双耳喷口杯，一个搅拌碗，配以叶形的装饰板和八字形的卷须状装饰。

80 岁左右

如来佛释迦牟尼（意为"开化的人"），俗名乔达摩·悉达多（Gautama Siddhartha），生卒年不详。由于他生活的年代及其后的四、五个世纪都没有文字记载流传于世，史学家们估计，他生活在约公元前563年至公元前483年之间。根据传言，80岁时，释迦牟尼称，他很快就要抛弃尘世的身体。

释迦牟尼出生于印度北部一个富庶的家庭，但29岁时，他决定告别家人，去寻求生命的意义。传说，他坐在一棵菩提树下突然顿悟，因此，他尽余生之力将自己所悟到的一切传授给众人。佛教的教义（达摩教规）称，世间所有的一切都由因果循环联系在一起，世间的苦难皆源自私欲，生命的目的地就是"极乐世界"，意思就是"无欲无求"。释迦牟尼圆寂后，佛教逐渐传播到今斯里兰卡、泰国、缅甸和中国西藏，从公元

3世纪开始，佛教又传播到了中国内地、朝鲜半岛和日本。

尽管释迦牟尼逝世的时间不能确定，但我们知道，他的尸体被火化了，骨灰被放在了八个骨灰瓮中，埋进了土坟之中。两百年后，印度孔雀王朝的阿育王挖掘出了这些骨灰瓮，再将之细分，创建了8万4千个纪念佛祖的神龛。

儒家五经

中国儒家的经典典籍就是"五经"。包括《易经》（该书将宇宙视作阴阳两极相互作用所产生的成果）在内，儒家"五经"阐述了儒家思想的核心价值观和信仰。人们认为，这些作品都是由著名的中国思想家孔子（Confucius，公元前551—前479年）所著，著书的年代大约是周朝时期（周朝统治中国的时间为公元前11世纪至公元前256年）。

汉朝时，儒家思想成为了中国的主导思想，唐朝时再度盛行，当今世界仍然有为数众多奉行儒家思想的人，大部分都在中国、朝鲜半岛、日本和越南。其基本理念都是关于伦理道德的：孝、仁、信、爱，等等。

8 千个真人大小的兵马俑

秦始皇陵兵马俑

1974 年，中国西安的农民在挖井时，居然挖出了一个藏着 6 千个真人大小的陶俑像的洞。1976 年，又掘出了两个洞窟，到目前为止，发现了近 8 千个陶俑像（然而，大部分俑像仍然被埋藏着，并未掘出）。

这些俑像被称作秦陵兵马俑，约公元前 210 年，随中国第一任皇帝秦始皇一同下葬，在他下葬之后保卫他。这些俑像包括了士兵、马车和马匹，每一个细节、轮廓都非常清晰，甚至鞋踩踏的印记都很清楚。它们的高度、服装、发型都因兵衔不同而不一。

秦朝是中国第一个统一的王朝，秦始皇是秦王朝的第一位皇帝（接下来的两千多年时间里，中国的统治者都被称作皇帝）。秦朝建于公元前221年，灭亡于公元前206年（据称"中国"一词便是始于秦朝）。秦朝建立了中央集权的政府，使用统一的文字和度量衡。他们甚至建造了长城（将前代的防御城墙连接起来），以抵御北方游牧民族的侵袭，据说这工程造成了成千上万名建造工人死亡，共有30万名士兵和50万名平民参与建造最初的长城。

汉尼拔的37头大象

公元前264年，罗马共和国与迦太基之间的布匿战争时期，出现了一位迦太基名将汉尼拔（Hannibal）。迦太基，位于今突尼斯海岸线上的城市，当时就已是北非的贸易中心，其在北非、西班牙和西西里岛占领了大量领地，因此它跟希腊和罗马之间冲突不断。

为了发动第二次布匿战争（公元前218—前201年），西班牙将领汉尼拔率3万人和37头大象翻过了比利牛斯山和阿尔卑斯山，进入了意大利北部。（第一次布匿战争时，迦太基就使用了大象作战。）这次出征是一次冒险，只有一头大象存活了下来，并被命名为"塞罗斯"（就是叙利亚人的意思），汉尼拔经常骑着它代步。

在意大利，汉尼拔对罗马人发动了一系列攻击，包括公元前216年的坎尼之战，战争中倒下了5万到7万罗马将士（这是罗马吃的最著名的败仗之一）。但他却没能抵挡住对方的最后一击，公元前146年，迦太基最终落入了罗马人手中，20万人遭到屠杀，剩下5万被当成奴隶卖掉了。

随后，罗马共和国占领了迦太基的海外领地，并通过四次马其顿战争，将领土扩张到了马其顿、希腊和高卢部分地区，增强了自己的实力。然而，公元前53年的卡雷之战，罗马军队不敌帕提亚弓箭手的攻击（他们在波斯东北部建立了自己的王国，疆域横跨从今土耳其东南部至伊朗东部的区域），罗马东进的野心才被完全打消了。被打散的罗马士兵共有约4万4千人，但只有1万人活着逃离了战场。

1/3 的高卢人被杀

公元前58年至公元前51年，罗马将领尤利乌斯·凯撒（Julius Caesar）击败了几支高卢部落，将罗马的疆域扩大到了整个高卢地区（今法国和比利时）。死于战场上的将士约120万，被当成奴隶卖掉或饿死的人数也达到了这么多——约有三分之一的高卢人被杀或失踪。内战一段时间之后，尤利乌斯·凯撒自命为生命的独裁者，后来，公元前 44 年 3 月 15 日（按古罗马历计算），凯撒被暗杀。接着，公元前 27 年，他的养子屋大维（Octavian）继位，成为罗马帝国的第一任皇帝，并改名为奥古斯都。

6437 公里的丝绸之路

这条古老的商路总长度 6437 公里，将中国和西方联系在一起。之所以得名"丝绸之路"，是因为约公元前 100 年始，中国的商人便通过这条路将丝绸运往西方世界。

汉朝（公元前 206 年—220 年）时，中国的疆域包括了今朝鲜和越南的部分地区，这对艺术和科技的传播非常有利（包括造纸术和指南针）。公元前 114 年前后，中国还打开了丝绸之路贸易线周边地区的大门。这都要归功于汉朝的钦差大臣张骞（公元前 220—前 114 年），他对中亚旅途的描述向汉朝的统治者介绍了一个他们以前从未了解过的世界。与中亚各国的外交关系（其中就有波斯）使中国和中亚、西亚的商业往来更为频繁。

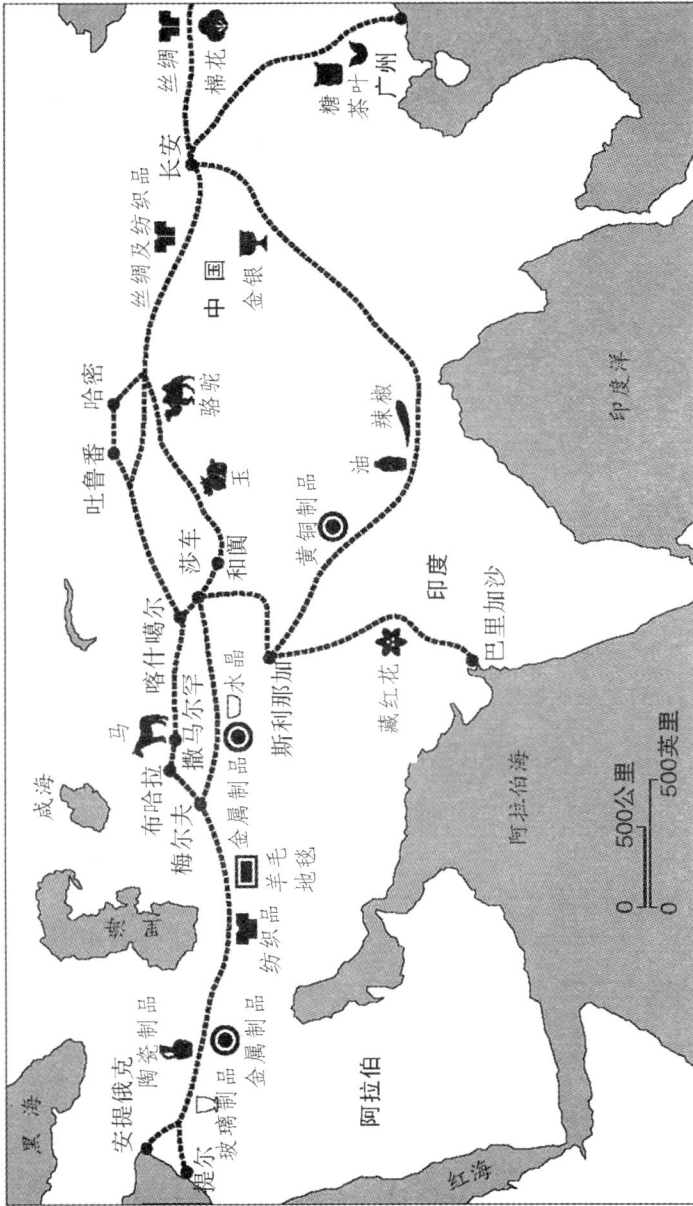

丝绸之路以及东西方贸易交换的货物

丝绸之路的起点是中国东部的旧都长安（今西安），经中国西北部、波斯，一直到地中海东部沿岸。公元前 30 年，罗马统治了埃及后不久，欧洲、非洲、中东和印度与中国的贸易来往也兴盛起来。

1000 步

罗马人为了使军队、供给以及货物穿过他们庞大的王国，修建了约 4 万公里（约合 25 万英里）长的道路。罗马人创造了一种坚固的材料，建造平坦的路面，某些直行道的路基直到今天仍然在使用。罗马的道路上有许多里程碑，如今的英里一词便源自拉丁语 mille passuum（一千步）。

四福音书

《圣经·新约》中有四福音书（最初是用盎格鲁 – 撒克逊语拼写的福音一词，是由 evangelium 一词翻译而来，"福音"的意思）——《马太福音》《马可福音》《路加福音》和《约翰福音》——实际是由十二使徒中的四人所著。它们记载了耶稣的生平，以及他教义的译文。

据福音书记载，罗马皇帝奥古斯都·凯撒（Augustus Caesar，即屋大维，公元前27—14年在位）统治时期，耶稣诞生于加利利的伯利恒，母亲名叫玛丽。约公元27年，耶稣开始向犹太同伴传道，宣扬一位仁慈的、博爱的上帝，以及慈悲、真诚、谦逊的基本教义。他的传道惹恼了犹太贵族，他们将他带到了罗马总督庞提乌斯·彼拉多（Pontius Pilate）面前，彼拉多下令将耶稣处以十字架绞刑。据福音书记载，绞死三天后，耶稣死而复生，并向他的追随者显现，他还告诉他们，他是弥赛亚，或称救世主（基督）。

据四福音书记载，对耶稣基督的信仰在接下来的两个世纪内传遍了罗马帝国。《马可福音》是最先完成的，也是篇幅最短的福音书（可能是在公元70年前的十年完成的），据说，《马太福音》和《路加福音》是以《马可福音》为蓝本而写的，因为它们的行文和大纲都差不多。基督教义的传播也受到了圣保罗（St Paul）信件的影响，圣保罗是小亚细亚人，以前是制作帐篷的，《新约》27章他写了13章。他给基督教教众的信件，自耶稣死后不到20年时而开始公开，也是现存的最早的基督教文本。

尽管罗马贵族称基督教是邪教，并一致抵抗其影响（尤其是公元250年德西厄斯和公元303年至311年戴克里先统治时，对基督教的抵制达到顶点），但公元381年，基督教还是成为了罗马帝国的官方宗教，此后还传播到欧洲以及更远的地方。

1个连队有100人？

强劲的军队是罗马帝国的根基。军队的最小单位是连队，但连队并不是大家所认为的 100 人，而只有 80 人。六个连队组成一支步兵大队，九支步兵大队为一军团（包括骑兵队、工兵和军官）。到哈德良皇帝（Hadrian，公元 117—138 年在位）统治时期，罗马军队一共有 28 支军团。

全国各地都设有卫戍部队，因此军民之间的关系十分融洽，彼此不分。确实，罗马军队从驻扎地吸收了不少战士：皇帝哈德良的部队共有 38 万人，其中 15 万 4 千人的骑兵连有 21 万 5 千人的辅助部队支援（包括骑兵和步兵部队），他们大部分都是来自罗马的控制地。

罗马军队的 1/8

公元 43 年，罗马暴君克劳狄乌斯（Claudius）入侵并占领了大不列颠，却遭遇了凯尔特人的强烈反抗。为此，罗马调出了八分之一的军队驻防不列颠。公元 1 世纪，包括爱西尼人叛变在内，由不列颠女皇布迪卡（Boudicca）领导的一系列革命，摧毁了卡姆罗顿纳姆城（科尔切斯特）、伦敦和维鲁拉米恩城（圣奥尔本司），基本结束了罗马在英国的统治。最终，罗马人没能控制不列颠北部（他们甚至没试图侵入爱尔兰），公元 122 年，罗马人修建了哈德良长城，来抵御苏格兰好战的皮克特人。

罗马帝国仅存在了 60 年

罗马帝国疆域横跨欧洲、北非、中东，领土面积在皇帝图拉真（Trajan，公元 98–117 年在位）统治下扩张到 500 万平方公里（约合 310 万平方英里），是罗马疆域面积最大的时期，人口占当时世界总人口的六分之一到四分之一之间。

最终，罗马军队遭遇了欧洲和亚洲人连续不断的攻击，公元 260 年，罗马皇帝瓦莱里安（Valerian）被波斯萨珊王朝打败并囚禁，罗马帝国走向衰落。公元 396 年，罗马帝国一分为二：东罗马帝国将都城名更改为君士坦丁堡，而且势力得以增强，而西罗马帝国却因为不断与中欧来的部族争斗，势力不断削弱。

西罗马帝国的灭亡也来得很快。公元 406 年开始，日耳曼人通过莱茵河进入意大利和高卢，仅存在 60 年的西罗马帝国就崩溃了。公元 439 年，汪达尔人（日耳曼民族的一支）占领了迦太基城，452 年时，罗马帝国已经丧失了大片领土（包括整个大不列颠和西班牙大部）。与此同时，罗马帝国的人口也急剧减少了四分之三，公元 455 年，帝国遭遇了日耳曼部落的掠夺。到了公元 476 年，最后一位罗马皇帝罗穆鲁斯·奥古斯都（Romulus Augustus）退位，西罗马帝国灭亡。

30 万人死亡

451 年，在法国东部的香槟地区，罗马和西哥特联军遭遇了匈奴的铁骑，战役末期的一次战斗爆发于西罗马帝国，匈奴以及他们勇敢无畏的汗王阿蒂拉（Attila）遭遇了惨败。

有多少人参与了这次战争，又造成了多少死伤，都是未知。当时的一位编年史家海德休斯（Hydatius）称有 30 万人死亡，但当时双方都不可能有这么多人（公元 450 年，西罗马帝国疆域仅相当于 50 年前疆域的一半）。近代的研究数据表明，当时参与战争的将士总数可能有 10 万，罗马 – 西哥特联军的数量跟匈奴军队数量相当。被杀害的人数仅是猜测，但仍然有研究称，当时战场上"尸体累积成山"。

这次败仗意味着匈奴人不再能入侵高卢，后一年，阿蒂拉的部队在意大利遭遇了反击。四世纪末期，来自中亚的游牧民族、战无不胜的匈奴人侵入了欧洲，驱逐了其他日耳曼民族，并将他们赶进了欧洲更西部。匈奴的首领阿蒂拉，当时的基督教学者称之为"天降的灾星"，死于公元453年，匈奴帝国分崩离析之后，东欧的斯拉夫人（罗马人称之为斯基台人和萨尔马提亚人）向西迁徙，进入了匈奴人之前所居住的区域。

0 的概念

印度孔雀王朝（公元前321—前185年）之后的笈多王朝时期，通常被称为"印度的黄金时代"，因为长期的和平安定，这一时期的艺术、建筑和文化发展繁荣。这一王朝时期也诞生了许多伟大的学者，数学家兼天文学家阿耶波多（Aryabhata，公元476—550年）就是其中之一。据称，他曾创造了0这一宝贵的概念，并在数列中用"卡"（虚无）一词来代表0（而西方文明直到几个世纪之后才接受这一概念）。

另外，笈多王朝时，印度人创造了"印阿式"数字写法（西方世界将之演化为数字0，1，2，3，4，5，6，7，8，9），如今我们称之为阿拉伯数字，并误认为是由阿拉伯人创造的，而事实上，阿拉伯人只是它的传播者。

君士坦丁堡的 2 座防御墙

君士坦丁堡（前希腊城市拜占庭，今伊斯坦布尔）周围的防御城墙在帝国末年起了关键性的作用。虽然各方不断侵袭，但有了这些防御墙，所以，这座城市和拜占庭帝国继续繁荣昌盛了一千多年的时间。

日耳曼入侵摧毁了西罗马帝国之后，东罗马帝国（后被称作拜占庭帝国）的都城君士坦丁堡却仍然很兴旺。帝国的第一任皇帝君士坦丁（Constantine，324—337 年在位）建立了内城墙，后来，皇帝迪奥西多二世（Emperor Theodosius II，408—450 年在位）又加了一座外墙。城墙长度 22 公里（约合 14 英里），内墙 4.5 米到 6 米厚，高度 12 米，外墙 2 米厚，高度 8.5 米到 9 米。

这两座石墙，与这座城市所在的罗马七丘，位于金角湾和马尔马拉海之间，被认为是坚不可摧的地方，而尽管西哥特人、波斯人和阿拉伯人等对之轮番侵袭，这座城却依然岿然不动，1453 年，它才最终沦陷于奥斯曼土耳其人之手。

千年古城君士坦丁堡横跨欧亚两洲，因商而繁荣，所有参观旅游的人无不欣赏其丰富的艺术和建筑作品。它的国教为基督教，到公元565年，拜占庭帝国疆域从西班牙延伸到北非和波斯一带。与此同时，帝国城市居民增长到50万，成为了西方世界最大也最富饶的国度。

600万欧元

2005年4月，一架安东诺夫军用运输机载着24米（约合78英尺）高，160吨重的方尖石碑的中间部分，降落在埃塞俄比亚。石碑的顶部和底座随后也从罗马运抵埃塞俄比亚。这整个过程耗费了意大利政府600万欧元（770万美元）的预算。

方尖石碑被认为是空运过的最大也是最重的货物，1937年，意大利军队将它从埃塞俄比亚掠夺走，并带回了罗马，以庆祝意大利控制了埃塞俄比亚。尽管1947年，联合国协约规定将方尖碑归还埃塞俄比亚，但它却一直留在罗马，常年矗立在联合国粮农组织总部外。

这座装饰华丽的方尖石碑，被视为东北非的大贸易帝国阿克苏姆（今埃塞俄比亚境内的一座城市）建筑的代表。公元300年，推翻了库施王朝的统治后，阿克苏姆王国一直保持着商业中心的地位，直到7世纪初期。有多个富庶城市的阿克苏姆王国，以大型的花岗岩制方尖碑（最高的一座达34米）而著称，公元4世纪，阿克苏姆将基督教定为国教之前，这些石碑一直被当成宗教神明的象征。

基督纪元 0 年

本书用的是从文化角度而言，比较中立的纪元名称"公元"和"公元前"。公元525年，斯基台修道士狄奥尼修斯·伊希格斯（Dionysius Exiguus）提出了公元和公元前的说法，现已取代了西方纪年所称的"主前"（BC）和"主后"（AD）的说法。主后纪年是从耶稣诞生的那年开始算的，因为当时西方还没有0的概念，狄奥尼修斯的新基督纪年法是从公元1年开始算的，而不是公元0年。

在罗马为教皇约翰一世（John I）效力期间，试图测算复活节表（在基督教历法中，复活节是一次不定时的盛宴）时，他找到了机会放弃之前的纪年法——戴克里先纪年法——按此历法，年份是从罗马皇帝戴克里先继位之时开始的，他的统治期从公元245年至公元305年。（戴克里先发起了帝国最大规模，也是最血腥的镇压基督教的行动，因此仍然纪念他并不合适）。

虽然现在一致认为，耶稣可能诞生于公元前7年到公元前

3年之间，但狄奥尼修斯的新历法现在仍然全世界普遍通用。当时它并没有马上流行起来，731年，盎格鲁－撒克逊修道士比德（Bede）在《英国基督教历史》（*Ecclesiastical History of the English People*）一书中使用了这种新历法之后，它才流传了一段时间。加洛林王朝政府使用这一历法纪年之后，法兰克国王查理曼及其继承者们推而广之，使之在欧洲风行起来。

相比之下，伊斯兰教教徒以穆罕默德（Muhammad）从麦加逃亡到麦地那的那年为元年，被称作西吉拉年（公元622年）。人们认为，犹太纪年法受到了巴比伦纪年法的影响，根据犹太典籍记载，元年可追溯至公元前3761年，当时上帝创造了世界。

伊斯兰教的五功

伊斯兰教的五功是伊斯兰教徒言行的基本准则和教义（伊斯兰一词是屈服的意思，亦即信仰该教的教徒应屈服于他们唯一的神安拉的意志）。五功：念，念诵《古兰经》（*Qur'an*）；礼（信徒每日礼拜五次，还包括非正式性的祈祷）；课，扶贫济困；斋，斋月中，伊斯兰教徒从黎明到日落要禁食；朝，信徒应面向麦加的方向朝拜。

居住在麦加城的商人先知穆罕默德首先得到了这些启示，将它们作为自己的社交礼拜规范，他最初得到这些启示是在公元 610 年，他受命宣扬唯一的真神伟大的安拉。这些启示都被记录在一本名为《古兰经》的典籍中。

穆罕默德开始传扬这些启示，起初并没有多少人信仰，而且还引起了麦加民众的敌意，公元 622 年，为了躲避灾难，他逃亡到麦地那（这一事件被称为西吉拉，标志着伊斯兰教纪年的开始）。最终，伊斯兰教的信仰吸引了大批信徒，穆罕默德返回麦加时，追随而来的信徒达到了近 1 万人。

公元 632 年，穆罕默德逝世时，阿拉伯半岛大部分人都信仰伊斯兰教。此后，新教伊斯兰教传播到了巴勒斯坦、波斯萨珊王朝和埃及。阿拉伯倭马亚王朝的部队控制了整个北非和亚洲大部，他们曾多次试图攻占君士坦丁堡，但却徒劳而返。之前受西哥特人统治的西班牙也陷入了伊斯兰教统治之下，但阿拉伯部队却只挺进到了法国的普瓦捷，732 年，他们在这里败给了法兰克人。

伊斯兰教是坚持严格的宗教仪式的一神教，最初，穆罕默德只有一小批追随者，而如今，全世界有 15 亿多的穆斯林教徒，遍及中东、非洲、欧洲，以及亚洲的印度次大陆，马来半岛和中国。

X+Y=?

伊斯兰统治时期，出现了多个信仰伊斯兰教的王朝，约750年左右建立的阿巴斯哈里发王朝（哈里发源自阿拉伯词汇kalifa，继承者的意思）就是其中之一。阿巴斯时期，新伊斯兰教都城巴格达变成了大商贸帝国富庶的文化、社交和商业中心（直到1258年蒙古人统治了巴格达为止）。阿巴斯时期也是伊斯兰教的黄金时期，学术思潮复兴，艺术、科技、律法、医学和文学等领域发展繁荣。

利用希腊，尤其是印度的文化，穆斯林数学家将代数（这一词源自阿拉伯词汇al-jabr，"求全法"）从几何和算术中分离出来。公元830年，波斯学者穆罕默德·爱宾穆萨·阿克瓦兹米（Muhammad ibn Musa al-Khwarizmi）出了第一部代数课本《代数学》（代数这个名称便是由此而来）。12世纪时，该书的拉丁文本传入了欧洲，对西方数学的进步产生了重要影响。他发明的十进位制，本源自印度，他还将印阿数字引入伊斯兰世界，此后又传播到欧洲。

十二圆桌骑士

欧洲的混乱和人口的迁徙导致了许多新王国的诞生，其中就包括法国的法兰克王朝，说日耳曼语的盎格鲁人、撒克逊人和朱特人也侵入并占领了大不列颠群岛。在大不列颠，这次入侵还留下了亚瑟王（King Arthur）的传说，据传，公元6世纪前期，亚瑟王率军抵挡住了入侵的撒克逊人。（至今，史上是否真的存在亚瑟王这个人仍然有争议。）

传说，亚瑟王手下有一群骑士，后称十二圆桌骑士（这张圆桌就是骑士制度的标志）。尽管关于亚瑟王的传说中提到了一百多位骑士，但圆桌骑士主要有十二位：兰斯洛特、格拉海德、珀西瓦尔、凯、特里斯坦、加温、加雷斯、兰马洛克、加和里斯、莫德雷德、鲍斯和贝德维尔。

亚瑟王的传说第一次进入欧洲文学界是因为蒙茅斯的杰弗里（Geoffrey）的虚幻作品《不列颠诸王记》（*Historia Regum Britanniae*，1135—1138年）。其风靡程度促进了新的亚瑟王传说的诞生，亚瑟王的十二骑士可能与十二圣骑士的传说相互混同了，法兰克皇帝查理曼大帝（Charlemagne，约742—814年）为保护基督教世界免遭穆斯林撒拉逊人（阿拉伯人的古称）以及北方非基督教民族的袭击，而组建了十二圣骑士团。当然，数字12象征着耶稣的十二使徒。

双艇轻舟

复活岛的巨石半身人头

约公元前2500年到公元前1500年间，太平洋中部和南部的岛屿上的居民是波利尼西亚人，他们是航海的民族，祖先可能来自台湾、东亚以及后来的东南亚。公元400年前后，这些高技能的航海家穿越了数万英里的海域，在遥远的夏威夷和复活岛定居，约公元1000年，被称作毛利人的波利尼西亚族人开始在新西兰定居。

为了通过海洋，波利尼西亚人创造了一种复杂的方式，通过观察星象、太阳、鸟类的飞行路线，海浪和风来确定方向。他们用的航船大都是双船舱连着一个中央甲板，甲板上挂着固定的风帆。借助长桨，这些船将男男女女、孩子、动物和各种食物、作物和工具等运过数千万英里，抵达了复活岛以东3500

公里（约 2200 英里）外的地方（最远的地方到达了智利）。

240 便士

英国的旧英镑，一英镑等于 240 便士或 20 先令（1 先令等于 12 便士），是由麦西亚（中世纪早期的国度之一，位于今英格兰中部）的盎格鲁－撒克逊国王奥法（Offa，757—796 年）颁布发行的。他的银便士是按照法兰克王国查理曼大帝的新币而铸造的，不再用金，而是用一磅的银作为货币的基准（里弗，既是货币单位也是重量单位），相当于 20 苏（后改称先令），240 但尼尔（后改称便士）。这一套钱币在英国继续使用了 1200 年时间。

法兰克国王查理曼（768—814 年在位）是一位很有号召力的皇帝，他的这个名称是源自先辈，查尔斯·马特尔（Charles Martel）和儿子丕平（Pepin）。他领导了多次货币和法律的变革，推动了文化艺术的发展繁荣（这一复兴被称作加洛林文艺复兴）。772 年始，他还发起了一场耗时 30 年的运动，来统治欧洲，并使基督教在欧洲风行起来，随后将法兰克王国的疆域扩展到包括法国、西班牙部分领土、德国和意大利大部。将伦巴第人逐出意大利之后，公元 800 年，查理曼受教皇列奥三世（Leo III）之邀去了罗马，在圣诞节这天被授予了神圣罗马皇帝的封号。他创造的国度后来变成了神圣罗马帝国，它是中欧各地的结合体，组成了十字军东征的主力。

三叶草

　　传说，圣帕特里克（St Patrick）将基督教传播到爱尔兰时，用三叶草的幼枝向不信仰基督教的人解释三位一体："这是一片叶子还是三片呢？……因此上帝也是如此。"（基督教教义将上帝定义为圣父、圣子、圣灵三体合一的存在。）

　　公元 5 世纪时，现在被爱尔兰视作守护神的圣帕特里克让爱尔兰大部分人皈依了基督教。公元 7 世纪末期，基督教传遍了大不列颠群岛，高卢和德国建起了修道院，而意大利的圣贝尼迪克特（St Benedict）在公元 500 年前后就设立了教会。在法兰克帝国，修道士扮演的是信仰基督教的领导者们顾问的角色，这更奠定了基督教在传播到欧洲之后的至高无上的地位。公元 800 年时，西欧的君主都信仰基督教，而拜占庭教会（东正教会）的传教士们则主要在东欧和中欧各地进行传播。

29.5302 天

位于今墨西哥雅卡坦半岛、危地马拉和伯利兹的 2000 多年的古文明玛雅，最大的成就之一就是他们相当复杂的纪年法。它的两部年历——一部是 260 天的宗教年历，被用来预测未来，躲避灾祸，另一部则是基于太阳黄道算出来的准确的 365 天的年历——其他更早期的中美洲文明，如奥尔梅克也有类似的历法。

推算这套历法的关键是要对宇宙有详细的了解，玛雅人热衷观察天象，画出了天体的运行轨迹，尤其是金星和月亮。事实上，玛雅人仅凭裸眼就测定月运周期为 29.5302 天，仅比现代天文学家推算出的 29.53059 天少了几秒钟的时间。

玛雅遗址的许多建筑特点都跟天体运行轨迹类似，他们圆形的庙宇，尤其是巴西奇琴伊察的卡拉科尔，人们认为它是古代天文学家的天文台。其他玛雅遗址的金字塔上都有大石庙——里面有各种物品的塑像，却没有驱赶动物车辆的塑像，因为当时玛雅人没有造出轮子。玛雅文明的城镇可追溯到公元前 600 年，其巅峰时期在公元 4 到 8 世纪，玛雅的土地上有 50 多座城邦，各城邦的人口在 5 千到 5 万不等。农业使玛雅文明得以生存繁衍，玛雅人砍掉雨林，在空出来的土地上种植玉米。

约公元 790 年，玛雅的大部分低地城邦都走向了衰落，因而，到公元 950 年时，一度曾达到 200 万的玛雅人只剩了几万人。玛雅文明一直持续到西班牙征服者到来之时为止，然而，如今仍然有约 400 万人说玛雅语。

只有 4 部书

玛雅文明的成千上万部书籍都是以树皮为纸而作的，然而，西班牙征服者侵入之后，绝大部分都被毁掉了，只剩了四本仍然存在。玛雅人复杂的象形文字现在大部分都留在了石碑、房屋的门楣、石柱和陶器上，近 30 年来，这些文字才得以完全破译，使史学家们对玛雅文明的成就和信仰有了一些了解。

跟其他前哥伦比亚时代的文明一样，玛雅人也崇拜玛雅虎神等其他各种神明，在表达崇敬和祭祀的时候，也会杀人做祭品。（球类运动也成为他们宗教仪式的一部分，球门被视作通往地狱的大门，每一座玛雅城市中都有。）玛雅的数字以 20 为单位，一根条形符号代表数字 5，一个点代表数字 1，玛雅人还发明了独特的 0 的表示方法，用一个贝壳代表 0。

600 座金字塔

墨西哥高原中部有一座大城名叫特奥蒂瓦坎（意为神明的地方）。这座城市布局呈格子状，面积约为 21 平方公里（约合 8 平方英里），包含了 600 座金字塔，2000 个内院，500 个制作工坊和无数的广场。其中心为巨大的月亮和太阳金字塔，太阳金字塔高度超过 65 米（约合 210 英尺），底座 210 米（约合 690 英尺）长。城市的主要道路旁边遍布神龛和坟墓，被称作"死亡之路"。

公元 250 至 650 年间，这座城市的规模达到最大，是当时的宗教祭祀中心和商业中心，控制着墨西哥大部分黑曜石(一种墨绿色的火山岩石）贸易。我们对这座城市的政治体系以及生活在这里的 10 万人了解不多，因为没有相关的文字资料保存至今。大约公元 650 年，特奥蒂瓦坎遭遇了严重损毁，原因不明。

中国长安的 100 万城市居民

618 年，唐朝取代隋朝一统中国之后，到公元 7 世纪末，中国已变成了世界上最先进，人口最多的国家。都城长安（今西安）是当时世界上最大的城市，城市人口达到 100 万之多——像伦敦和巴黎这样的欧洲城市，直到 1000 年后才有这么多人。

中国的城市，尤其是长安，成为了世界性的商贸和手工艺制作中心，这要归功于丝绸之路贸易线路的重开，这让中国与波斯、中东、印度和中亚各国有了直接接触。唐朝用招募而来的庞大军队征服了许多附近的地区，使中国文化传播到东南亚、日本和朝鲜半岛等地。

文化和艺术繁荣，陶瓷制品也随之风行起来——唐朝时，开始出现了瓷器。尽管当时中国用纸的历史已有五个世纪的时间，木刻版印刷术也是在唐朝时被发明的，雕版书籍的出现比世界其他文明早了数百年。

2490 公里的大运河

尽管长安是中国最大的城市，但扬州才是唐朝的经济中心，这主要是由于它靠近大运河。这条 2490 公里长的大运河将不同的水系联系了起来，是公元 605 至 611 年间建造的。它将长三角跟今北京地区联系起来，运送了成千上万的部队和商人，以

59

及盐、谷物、蔬菜和奢侈品，是中国商贸发展以及沿岸城市发展的主要干线。

10000 页

古日本最伟大的文学作品《万叶集》（*Man'yoshu*，可能是指其中的诗篇和页数很多，也可能是指该作品会万年不衰）。诗集共有 4500 首诗作，大约是在公元 759 年之后，日本奈良年间收集整理而成的，但其中的诗作却包括了 100 多年前的作品。诗作以其丰富的想象和情感而著称，大部分都是短歌（三十一音节字的日本诗体），五言短诗，是一种日本如今仍然流行的古典诗体。

日本奈良年间（公元 710—794 年）不仅诗歌兴盛，也诞生了日本的首批文学著作，包括了日本皇室的许多传说。元明天皇（Empress Gemmei）时期，日本迁都到奈良，这座城市是模仿唐朝都城长安而建造的。从公元 5 世纪开始，中国文化对日本的影响逐渐深入，日本政府也逐渐按中国的方式来行政。经中国和尚传播到日本的佛教，于公元 538 年成为日本的国教（而古日本的神道教却依然保留了下来）。中国文化对日本的影响渗透到日本生活的方方面面，日本甚至接受了中国的文字和中国的服饰（日本和服就是仿照中国唐朝的服装而制作的）。

100 位维京海盗

迄今为止最大的海盗船，是 1996 年偶然在丹麦罗斯基勒发现的，长度接近 36 米（118 英尺，比 500 年后亨利八世建造的舰船玛丽玫瑰号还要长 4 米）。这艘船建造于公元 1025 年之后，能载约 100 名维京海盗，他们要负责控制船横帆两侧的 39 对船桨。

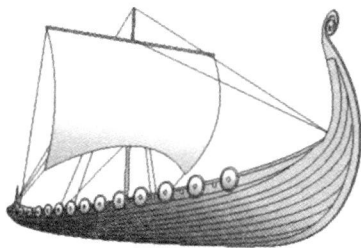

罗斯基勒的海盗船

这艘船很可能是为丹麦和挪威国王克努特(Canute)而建的，可能隶属于某船队，航行时的最高速度可达 20 节（船、飞行器和风速度的计量单位）。维京船队可能包含上千艘船，这样，约 1 万人的海盗们才能突然登陆并突袭欧洲沿岸地区。从 8 世纪到 11 世纪，维京人用这种方式，从他们的老家斯堪的纳维亚半岛，到欧洲沿岸以及更远的地方进行抢掠。他们的长木船，船舱又长又深，无论在波涛汹涌的海上还是狭窄的河道上都畅通无阻，船两头都是尖的，这样就能自由前进或后退，不用调头。

维京人不断侵袭大不列颠海岸，到 9 世纪时，他们已经占领了都柏林附近地区和英格兰北部（丹麦律法实施区）。自 1016 年到 1035 年，英格兰受克努特国王统治，封号为英格兰和丹麦国王。除了英国，维京人还经俄国西部的河流侵入了君士坦丁堡和中东。而往西，他们还首次去了冰岛、格林兰和北美大陆：11 世纪时，立夫·艾瑞克森（Leif Ericsson）抵达了今加拿大纽芬兰。

1 万诺曼大军

法国北部的诺曼后裔，后来在诺曼底公爵威廉的领导下入侵英格兰。黑斯廷斯战役时，威廉率 4000 至 7000 名将士击败了盎格鲁－撒克逊国王哈罗德二世（Harold II），1066 年圣诞节时，他在威斯敏斯特教堂被授予英格兰国王封号，史称威廉一世（William I）。

征服了英格兰之后，诺曼的军队人数也增加了不少，加上刚入伍的新兵，正好 1 万人，继续统治英格兰 150 万人。威廉在政府、教会和其他地方都安排了盎格鲁 - 撒克逊人，而爵士、地主仍然是诺曼人，威廉还没收了任何曾与他为敌的撒克逊人手中的土地，并将它分给了他的诺曼部下。在这些土地以及他自己原本统治的土地上，他建了多座防御用的石堡（诺曼人统治之前，英格兰没有石头建筑。）

作为回报，每位地主和爵士必须宣誓效忠国王。这些封建领主（包括教士）要为国王服兵役，或是交租税避免兵役之苦，并将土地租给低等的贵族，他们也要为领主服兵役或交租税。而由自由农户和非自由农户组成，拥有资产的佃户，包括隶农（约占总人口的 40%）却每周要在领主的土地上劳作两三天。这些阶层底端的农奴（约占总人口的 10%）则没有财产，而且可以被地主们自由贩卖。这，是中世纪时期欧洲封建社会的基础。

120 英亩

1085 年，威廉一世颁布了后被称作《末日审判书》（*Domesday Book*）的调查文件，用以记录英格兰自治市镇和庄园的可用资源和税收来源。应纳税的土地是按海德（一种计量单位）来计算的，1 海德代表了养一户人家所需的土地大小，约 60 到 120 英亩（约合 24—29 公顷）不等。《末日审判书》反映了 1086 年前后的英国生活，据记载，英国王室拥有约 17% 的土地，教会主教和修道院院长们拥有 26% 的土地，约 190 户租户拥有 54% 的土地（其中，约有 12 位高级男爵占有的土地约占英格兰土地总面积的四分之一）。

2600 万串吊钱

宋朝（960—1279 年）时，出现了许多领先世界的技术成就。当时人口急剧增长（10 到 11 世纪时，中国人口数翻了一番），出现了货币，发明了木刻版印刷术，文化知识传播迅速，于是，科学、技术、哲学和数学等领域发展迅猛。

宋朝时，人们发明了纸币。使用纸币之前，中国人用的钱是一种中间有孔，可以穿成一串的硬币。960 年时，由于没有足够的铜来制造钱币，宋朝发明了世界上第一种被称作"交子"的纸币，到 12 世纪早期，一年发行的纸币量相当于 2600 万串吊钱。

1086 年，中国人发明了世界上第一个机械钟，11 世纪还创造了活字印刷术——各自独立的刻版，可以重新组合搭配，重新印出新的文本——通常认为德国 15 世纪的印刷术是受此启发。有关火药的最早记载出现于 1044 年的中国，13 世纪末期，宋朝还发明了用弹丸的炮弹和炮筒。自公元前 200 年开始，中国人一直都在熔炼铁矿石，公元 1078 年时，中国的铁产量比 1788 年英国的产量还要高。

十字军 9 次东征

十字军东征（crusade 一词源自拉丁语词汇 crux，"十字架"的意思，每一位十字军将士的衣服上都有一个血红的十字架），指的是欧洲的基督教与统治着圣地巴勒斯坦的伊斯兰教穆斯林之间的军事冲突。从 1095 年到 1291 年，200 年时间里，巴勒斯坦的大部分领土仍然掌控在穆斯林的手中，所以，欧洲的基督教并没有取得任何成效。然而，双方的商贸往来却繁荣昌盛，大量的中东食品、纺织品和其他商品首次出现在欧洲市场。阿拉伯的科技成就和思想，例如印

十字军士兵

阿数字和代数，也是这时候传入欧洲的，并促进了欧洲文艺复兴运动的发展。

一般而言，十字军东征共有九次主要行动（某些历史学家却认为只有七八次），还有多次规模较小的行动。本书举出如下九次的简要介绍：

第一次东征 1095 年宣布开始，战斗却开始于 1096 年，由诺曼人引起。1099 年，一支东征军部队攻占了耶路撒冷，屠杀了这里的穆斯林居民。

第二次东征 土耳其人夺取了埃德撒之后，1144 年，德法两国发动了第二次东征。但是，这次东征却失败了，并结束于 1155 年。

第三次东征 基督教占领了耶路撒冷近一个世纪的时间之后，伊斯兰教统治者萨拉丁（Saladin）于 1187 年重新控制了耶路撒冷，导致了第三次东征（1189—1192 年），这一次东征由法国菲利普二世（Philip II）、英格兰理查一世（Richard I，又称"狮心王"）和德国国王弗雷德里克·巴巴罗萨（Frederick Barbarossa）率领。他们攻占了阿克里，却无法攻下耶路撒冷，但理查一世与萨拉丁签订了一份停战协议，允许商人和不带武器的平民进入耶路撒冷。

第四次东征 开始于 1202 年，在威尼斯的商业利益使东征部队于 1203 年攻陷了君士坦丁堡，1204 年，他们还违背了主

66

教的意愿，将该城洗劫一空。

第五次东征　开始于 1217 年，东征军先夺得了埃及港口城市杜姆亚特（达米埃塔），但 1221 年又失守了。

第六次东征　开始于 1228 至 1229 年间。耶路撒冷仅光复了一小段时间，1244 年再度失守。

第七次东征　开始于 1248 年，1249 年，法国路易九世（Louis IX）率领的东征军试图占领埃及，但不久，路易九世遭到囚禁，还支付了一大笔赔偿金。

第八次东征　1270 年，法国路易九世再次发起东征，但抵达北非后不久，他便因身患瘟疫而亡，东征也由此结束。

第九次东征　1271—1272 年，英国爱德华王子（Edward）发起了第九次东征。最后一个基督教要塞阿克里的沦陷标志着东征的彻底结束。

15 万马克的赎金

1192 年，第三次东征返回途中，理查一世的船只失事，奥地利国王利奥波德（Leopold）俘虏了他，并将他交给了神圣罗马皇帝亨利六世（Henry VI）。亨利六世称，要想获得自由，英国必须缴纳 15 万马克（约合 65000 磅银子）的赎金，这相当于英国王室年均收入的两到三倍。为了筹钱，英国政府向民众征收了大笔税金，1194 年，理查一世获释。（此后数年，英国财政一直入不敷出。）经过第二次加冕之后，理查去了诺曼底，且再没有回过英国。

蒙古人杀掉了 3000 万人

成吉思汗

靠东部的中亚，蒙古汗王成吉思汗（Genghis Khan，意思是统治天下的王者）意图称霸世界。仅用了 25 年时间，他便控制了比古罗马在 4 个世纪内占领的领土还大的疆域，蒙古帝国也一跃成为了当时世界上疆域最广大的国家。某些史学家估计，有 3000 万人丧生在蒙古人的铁骑之下，而另有人估计这个数字可能更多，相当于患黑死病而亡的人数和 20 世纪两次世界大战期间的死亡人数。

蒙古人是来自中亚的游牧民族，1215 年，他们在成吉思汗的率领下攻占了中都（今北京），之后一路向西，中亚、阿富汗和波斯大部惨遭蹂躏。蒙古人骑在马背上，用向后弯的复合弓作战，用十分残暴、极富策略性和技术性的方式赢得战争胜利（他们学汉族一样，是最先在战争中用炮火的民族）。许多人将他们的野蛮称作残忍冷酷，尤其是在波斯、阿富汗和印度的城市中，据统计，这些地区的城市居民，无论男女老幼，全部遭遇了屠戮。

1227 年，成吉思汗死后（他当时自称，从自己的帝国一头走到另一头需要花一年时间），他的继承者们将领土继续扩张到了俄国南部，甚至侵入了东欧。13 世纪中期，他们击败了宋朝，成为了中国的统治者（1280 年，汗王忽必烈接受了皇帝的称号）。与此同时，忽必烈（Kublai Khan）的弟弟旭列兀（Hulagu）继续在波斯和叙利亚掠夺，1258 年攻占了巴格达。蒙古族摧毁了美索不达米亚的灌溉措施，将曾经的富庶之地变成了我们今日所见的寸草不生的荒漠。

蒙古人的入侵使中国人口减半，伊朗高原近四分之三的人寿命短暂。1294 年，庞大的蒙古帝国一分为四，1368 年，明朝推翻了蒙古帝国。

1/200 的人口

美国某研究显示，从太平洋到里海的亚洲区域内，8% 的男性沿袭了约 900 年前的一位蒙古男人的 Y 染色体。这就包括了约 16 万人，占今天全球人数的 1/200。他们称，这些人的祖先可能是成吉思汗，他和他的后辈们妻妾孩子成群。蒙古帝国灭亡之后，成吉思汗的男性后裔继续统治着以前帝国的大部分疆域，他们的后代也很多。

9 麻袋被割下的耳朵

利格尼茨（莱格尼察的旧称）之战后，1241 年，蒙古帝国和欧洲联军在波兰展开一场战斗，据说，蒙古人割掉了倒下的欧洲人的右耳来清点死亡人数，收集了整整九麻袋被割掉的耳朵。

马可·波罗父子三人

意大利商人旅行家马克·波罗（Marco Polo），威尼斯人称之为马可·艾尔·密联（马可·密联斯），可能是指他在描述在亚洲的旅程中多次提到中国。这个昵称也被当成了他书的标题，此书记录了他环游世界的行程，某些人说这是夸大了他（至少是他的同伴们）曾经参观过的地方。

1271年前后，马可·波罗和父亲、叔父开始了在亚洲史诗般的旅程。应蒙古帝王忽必烈汗之邀，他沿着丝绸之路进入中国。父子三人在中国住了十六七年之后，于1295年前后返回威尼斯，（在热那亚受到短暂的囚禁之后），他出了一部关于东方文明的传说，震惊了欧洲。无论是不是编造，他的作品对后世的探险家影响极大，不仅诱惑了哥伦布（Christopher Columbus），还吸引了寻找东方罕见香料的西方商人。

十三青铜头像

1938年，13个由青铜打造的精美头像，在尼日利亚伊费皇宫的地底被发掘出来。它们看起来十分华丽，栩栩如生，精美的手工艺震惊艺术界，颠覆了西方对非洲艺术和文明的了解。

现在认为，这些头像塑成于 15 世纪，几个世纪之前，伊费的约鲁巴古城已经崛起，与西非的贸易往来频繁。人们认为，这些头像是仿照伊费奥尼斯（统治者）而制作的，现在，奥尼斯的头饰仍然是仿照中世纪祖先们的头饰而制造的。

百年战争

英法两国之间的百年战争实际上持续了 116 年之久（1337—1453 年），并不是一场持续性的战争，而是英国国王多次试图侵占法国而发起的侵略性战争。

从 1066 年开始，英格兰就已经控制了法国大片疆域，这也导致了两国间不断的冲突。1337 年，法国菲利普四世（Philip IV）收回了阿基坦，于是，英国爱德华三世（Edward III）向法国王室宣战，这一事件成为了百年战争的导火索。一开始，局势对英国相当有利，1346 年，克雷西之战，英国将士们用长弓对全副武装的法国武士们发起了致命的攻击。

1347 年爆发的黑死病使战争停滞了十年，这也导致了爱德华的多次失败，到 1337 年他死时，只有加来、波尔多和巴约讷三城还在英国统治之下。1415 年，英国国王亨利五世（Henry V）重新发起了对法国王室的战争，在阿金库尔战役中击败了法国。1422 年，亨利过世之后，英军在贝德福德（Bedford）公爵的率领下获得过数次胜利，而 1429 年，在奥尔良女子贞德（Joan）的帮助下，法军突破了英军的围困，法国最终赢回了自己的领土。贞德因受火刑而亡之后，法国民众的爱国主义情绪也被激发了，到 1453 年，英格兰只占有了加来和海峡群岛。

欧洲死亡 2500 万人

14 世纪时，一种相当致命的肺鼠疫病毒（俗称黑死病）席卷亚洲、欧洲和中东，造成了欧洲约 2500 万人死亡（平均三分之一的人口），亚洲 2500 多万人死亡，而中东地区的死亡人数不知。各地的死亡率不一，有些地区没人死亡，而有些地区则整个村庄多个家庭全部都因之而亡。在欧洲，直到 16 世纪早期，人口数才恢复到 1348 年前的水平。

这场瘟疫的起源地不详，人们认为，它最初是 14 世纪 30 年代时在中国爆发的，不久就沿着丝绸之路向西方传播，由蒙古军队、商人和其他旅行者携带到欧洲。在海上的传播速度非常快，寄居在船上的老鼠身上滋生的寄生虫携带这种病毒并传播。黑死病于 1347 年首次传播到欧洲，并给拜占庭帝国造成大量人口死亡。君士坦丁堡的居民称之为"可怕的死神"。很快，它便传播到包括威尼斯在内的其他欧洲城市，1348 年 3 月时，每天有约 600 名威尼斯居民因黑死病而亡（最终造成了五分之三的威尼斯居民死亡）。到 1351 年，黑死病传播到了欧洲大部分地区（然而，波兰、比利时，法国西南部部分地区和德国东部却没有遭遇瘟疫侵袭）和中东包括埃及、黎巴嫩、叙利亚、伊拉克、波斯和土耳其在内的部分地区。

这次瘟疫造成的人口死亡对感染地区的社会和经济造成了毁灭性的影响。尤其是西欧，劳动力的短缺增加了农民的负担，因而，为了摆脱主人和国王的压迫，他们发起了农民运动和起义。结果，农民运动愈演愈烈，1358 年，法国巴黎北部的扎克雷爆发了农民起义，而 1381 年，为反抗国王理查二世（Richard II）颁布的新人头税，瓦特·泰勒（Wat Tyler）领导了英国的农民起义。

2 至 7 天

大部分感染了黑死病病毒的人只要 2 至 7 天就会死去。开始时的症状是腋窝、腹股沟和脖子处出现黑色的肿胀或充满了脓水的硬疖子，随后是十分严重的发热吐血。除了避开那些被这种恐怖病毒感染的人，再没有别的治疗方法。

12000 名穿着丝绸的奴隶

1324 年，西非马里帝国皇帝曼萨·穆萨（Mansa Musa）从都城奈阿尼去麦加朝圣。随他一起前往的共有 6 万人，其中，12000 名奴隶身着波斯丝绸和锦制的衣服，80 头骆驼，每头都载着 136 千克（约合 300 磅）黄金，另有 500 名奴隶手拄金杖。

迎接皇帝和他的大部队的开罗人见此情景也是大吃一惊。据说，他运到开罗的这么多黄金使金子迅速贬值，10 多年时间，黄金的价值一直低迷。

曼萨·穆萨朝圣期间，他的一名将领占领了桑海帝国都城加奥，扩大了庞大的马里帝国，其巅峰时期（约 1350 年时），马里占领了整个塞内加尔盆地，疆域广度 1600 公里（约合 1000 英里）。国内城市 400 多座，当时只有蒙古帝国比它的疆域大。穆萨之所以这么富有，是因为马里控制了撒哈拉的大篷车贸易（包括廷巴克图大商贸中心），以及南方的三座大金矿（其中出产的黄金约占古代世界黄金总量的一半）。

一年 100 万件陶瓷

15 世纪早期，中国的财富、技术及文化的多样性都远胜欧洲。1420 年，明朝都城南京是世界上最大的城市，人口约 50 万到 100 万之间。（当时伦敦也只 40 万居民，而且，由于受到黑死病和其他流行病的影响，人口锐减，甚至不及南京的十分之一。）南京还盛产丝绸和棉花，每年产出 100 万件陶瓷，大部分用于出口。

1421 年，永乐（这个名称是永远快乐的意思）皇帝将都城迁到北京，随后修建了紫禁城（故宫），作为明皇室的居所。这座宫殿有近 1000 栋房子，由 100 万劳工花了 14 年时间修建而成，材料是从中国各地搜集来的木材、大理石以及其他建筑材料。

140 万平方公里

15 世纪时，西非桑海帝国推翻了马里帝国，并建立起了自己的国度，攫取了马里的大部分疆域，控制了多条主要贸易线路和多座城市，也包括了盈利丰厚的黄金贸易。到 16 世纪初的阿斯基亚王朝时，桑海帝国的疆域面积约 140 万平方公里（约合 54 万平方英里），是非洲最大的帝国。

63 艘船和 28000 名水手

1413 年，一支由 63 艘船组成，船员 28000 人的中国船队抵达了非洲东海岸的斯瓦希里。15 世纪末，欧洲最著名的探险家达·伽马进入印度洋寻找海上航线去香料群岛时，他的船队不过只有四艘船，500 人。

这支中国大船队的总管是宫里的宦官上将郑和。1405 年到 1424 年，在明朝永乐皇帝的支持下，郑和率船队七次出海，先后到过文莱、泰国、印度、东南亚、阿拉伯和非洲之角（东北非）。他的宝船队包括 300 艘航海的平底船，这些船远比当时欧洲的船要大。郑和宝船的复制品全长 122 米（400 英尺），几乎是 1492 年，哥伦布穿越大西洋乘坐的圣马利亚号的五倍，圣玛利亚号是哥伦布船队中最大的船。

这巨大的船只和船队，——直到第一次世界大战时，西方才有如此规模的船只和船队——有近 100 万常备军队支撑。1368 年，明朝平定了前朝的混乱，才开始统一中国，建立起了稳定的政府，前两百年，工农业发展迅猛，人口翻了一倍。郑和下西洋是为了彰显明朝的权势和财富，但 15 世纪早期，明朝为了不受外界打扰，封关锁国，明令禁止海上航行，这样大规模的海上远航时代也就此终结了。

1200 万印加人

中国明朝年间，南美洲的印加文明逐渐繁荣起来，到 1500 年时，人口已达到约 1200 万。约 12 世纪时，印加王朝将都城定在今秘鲁库斯科。从 15 世纪开始的 100 多年间，库斯科君主帕查库提·印加·尤潘基（Pachacuti Inca Yupanqui，1438—1471 年在位）以及他的继任者们将印加帝国的领土扩大到了最初的 10 倍之大，疆域包括了今厄瓜多尔北部、秘鲁和玻利维亚，约 1529 年前后，甚至扩张到了阿根廷北部和智利一带。

为了扩张，印加政府创造了严格而高效的中央政府机构，社会等级森严。宽广的道路沿着太平洋海岸蔓延，深入内陆以及安第斯山脉，信使们沿着近 25000 公里（约合 15500 英里）长的公路给各级官员传送信和各种文件，这条道路的长度仅次于当时罗马帝国的公路。印加的技术和农业相当发达，作坊和工厂出产人工制造的各种工具、武器、纺织品和陶器。山间梯田上出产农作物——如玉米、番茄、花生和棉花——都是印加的经济作物，印加的宗教则主要是官方宗教太阳神印尼特。

48根绳

印加人没有文字，因此他们发明出了一种在线上打结的办法来传递信息。它就是一条长长的绳子，上面系着48根细绳，细绳上还有各种丝线。这些线绳的颜色不一，代表着政府的不同文件——如应缴纳的税额，征兵以及关于祭祀日历的信息，等等。这些仔细编排的绳索上有各种不同的结来表示各种计量单位和数字等。

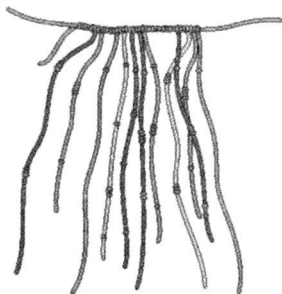

结绳文字

一天20英里

印加帝国的公路大都隐藏在高山之中，因此基本的交通工具是毛茸茸的美洲驼。（印加人不使用轮子，因此美洲驼在交

79

通上发挥了关键作用，而且，印加人死的时候还会用美洲驼的雕像陪葬，当做是献给神明的祭品。)印加文明紧挨着安第斯山，因此他们驯养了大批美洲驼，用它们驮着各种产品沿着他们高海拔、寒冷的公路前行，一天的行程约32公里（约合20英里）。他们还用粪便当肥料和燃料，用羊毛纺织，以肉为食，动物死后以兽皮制皮革。西班牙人入侵，不仅让枪炮和武器装备取代了印加原始的武器，而且，他们的马匹也取代了美洲驼，成为了西班牙的美洲殖民地主要的驮运工具。

人祭2万人

1487年，在今墨西哥城的特诺奇提特兰大金字塔的复原体这里，阿兹特克的祭师在四天的祭祀中杀掉了约2万人。庙的顶部置着四张石桌，用于祭祀的人就被囚禁在这里，不久，他们的腹部被切割开来，心脏被掏出来，他们的身体则被丢弃在庙旁边。某些史学家估计，因祭祀而死的人超过8万，这种仪式在阿兹特克文明中很寻常。

宗教对阿兹特克人至关重要，他们的大部分宗教仪式日期都是根据太阳历（由玛雅人发明的）而定的。阿兹特克人认为，为了防止世界的彻底灭绝，他们应该满足神明的意愿，尤其是太阳神维奇洛波奇特利（Huitzilopochtli）。人们应该用人心和血来供奉他，这样他才不会将怒火降给阿兹特克人。为此，阿兹特克人经常举行包括人祭在内的残忍仪式，用于祭祀的通常是战俘，这种仪式让西班牙征服者们又惊又怕，接着，他们毁掉了多数阿兹特克人的庙宇。

阿兹特克人的宗教仪式需要杀掉的人逐渐增多，于是他们开始侵占附近的土地，到 1500 年左右，阿兹特克文明建起了一个庞大的帝国，都城为特诺奇提特兰，包括 400 到 500 个小国，人口超过 1000 万，国家征收的税务和兵役可由缴纳金子和奴隶替代，这些金子和奴隶都来自百姓；绿松石、松香和贝壳这类货物则是这一带流行的商品，这些商贸活动产生的财富让阿兹特克人修建了大量的公路，富丽堂皇的金字塔和宫殿，开凿了多条运河。特诺奇提特兰成为了当时世界上最大的城市之一，大约是都铎王朝时伦敦城的五倍大。

10 位古鲁

15 世纪时，一神论的锡克教在印度旁遮普地区创立起来。它结合了印度教和伊斯兰教，接受了印度教因果报应和再生的观点，却抵制其种姓制度。锡克教徒认为自己是创教者那纳克

（Nanak）古鲁以及他九位继承者的弟子（古鲁就是老师的意思，锡克就是弟子、信徒）。那纳克死于 1539 年，锡克教徒认为其后的九位古鲁是精神统一的。因为受到莫卧儿王朝的冲击，最后一位古鲁哥宾德（Gobind Singh，诞生于 1666 年，执掌期为 1675—1708 年），于 1699 年创立了卡尔萨兵团。

加入卡尔萨的仪式现在成为了加入锡克教的重要标志，其信徒要佩戴 5 宝（5Ks），即科斯（蓄长发长须，披长头巾），康哈（将头发束好以便戴头饰），刻盘（剑或者刀），卡拉（铁链）和卡赫（短裤）。受过洗礼的锡克教男性自称辛格（狮子），而如今的锡克教女性自称考尔（公主）。

3 年时间印刷出版古登堡《圣经》

1450 年，德国金属制造工约翰内斯·古登堡（Johannes Gutenberg）用一种新的印刷方式制作印刷刻本。其实就是活字印刷，用单独的印着字母的金属铸件，可以组成句子并重复使用。这种方式古登堡已经试验了多年，不用损害铸件便提高了印刷的速度，取代了朝鲜和中国九个世纪前的发明。

古登堡印刷的第一部作品就是由拉丁文本翻译成德语的《圣经》，完成于 1455 年。每部书有 1282 页，光金属铸件的铸造就耗时六个月，将这些铸件上的文字影印下来又耗时两年——整整费了三年时间——普通抄书吏抄写一部《圣经》也要这么久才能抄写完。而古登堡的《圣经》有180册复印本，这可是个巨大的赌注，需要从欧洲各地筹钱才能支付这笔开支。书的花边装饰随后都会手绘上去，花边的多少取决于买主能支出多少钱。这种印刷方式模拟当时的手写体样本，看上去横平竖直，给人一种纺编织物的感觉（因而得名 text，现译作文本）。

古登堡《圣经》扉页

古登堡的付出得到了回报。很快，德国便盛行起了印刷品，随后传遍欧洲，到 15 世纪末，约 270 座欧洲城市中出现了印刷工人。这些印刷工人印刷出了 1500 万到 2000 万部《圣经》，接下来一个世纪的时间里，印刷出的《圣经》数翻了十番。

书，以前是神秘而少见的，是只有少数人才能看到的东西，这时已经成为了大多数人的工具和资产。这种新技术产生了一个重要的结果：它加快了理念和信息的传播速度，促成了宗教改革和文艺复兴，以及文化的崛起和欧洲方言的传播，同时也促进了新技术的传播。

头高占人身高的 1/8

1490 年前后，意大利佛罗伦萨艺术家，以及多种其他学科的学者列奥纳多·达·芬奇创作了一幅名为《维特鲁威人》的画。一个人两个姿势叠加在一起，身处在一个圆环和一个方框之中，这幅画完美展现了罗马建筑师维特鲁威（Vitruvius）在著作《论建筑》（*De architectura*）一书中

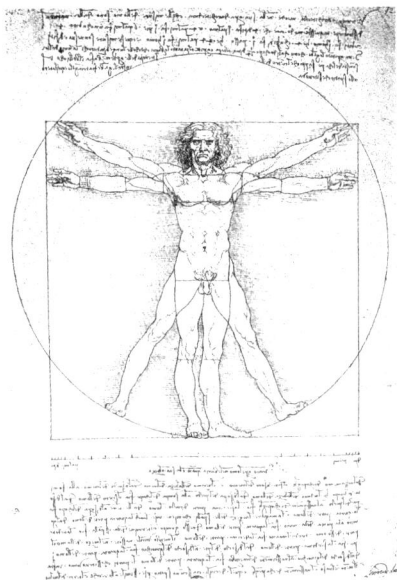

维特鲁威人

所述的人体的最佳比例。从画作附文中可知，人展开的手臂长度等于人的身高，脚长是人身高的七分之一，而头部（从下巴到头顶）的高度是人身高的八分之一。

将几何定理用在人体构造之上，达·芬奇相信，人体的构造就跟宇宙的构造类似。这画作将艺术和科学糅合在一起，利用古代的定理，集中体现出文艺复兴的新思想——艺术和学识的重生思潮于14、15世纪时首先出现在意大利，随后传播到欧洲其他地方。这次思想和学术的复兴主要是由于人们发现了古希腊和罗马的重要文献，并对其进行钻研而产生的，而且大都是由于欧洲与远东和穆斯林世界的交往而被传播进来的。

艺术家们，如波提切利（Botticelli）和米开朗基罗（Michelangelo），则在画作中更细致地描绘出人体；建筑师，如布鲁内莱斯基（Brunelleschi）和帕拉迪奥（Palladio）修建的建筑物可与古代的杰作媲美。知名画家、雕刻家，人体解剖专家、发明家和工程师达·芬奇（最著名的杰作《蒙娜丽莎》），成为了文艺复兴人文思潮的主要代表，其艺术天赋和科学探索的精神，以及机械创新的能力远超其所在的时代。

95 条论纲

据说，欧洲的宗教改革是因为1517年，奥古斯丁（Augustinian）修道士和教授马丁·路德（Martin Luther），在德国城市威滕伯格的一座教堂门上，贴出了95条论纲而引起的。

马丁·路德像

路德的论纲揭露了罗马天主教会的贪污腐败，他之所以贴出论纲，是由于教皇列奥十世（Leo X）意图贩卖赎罪券，以筹资建造罗马圣彼得的长方形会堂。

跟大部分人一样，路德也受到了荷兰学者伊拉斯谟（Erasmus）的著作所影响，他的著作也都是谴责教会的恶习的。接着，路德将《圣经》翻译成了德语，抨击天主教会圣餐变体论（将圣餐改成了基督的肉体和血液），牧师独身论和教皇至高无上的观点。

路德的新思想被翻译成德语，借助古登堡的印刷术，盛行于德国，并传播到欧洲，引来了那些早就对罗马教廷不满的人的附和。到1530年，瑞典、丹麦和德国部分地区宣布与罗马教廷决裂，1534年，在亨利八世（Henry VIII）的领导下，英格兰也紧随其后与罗马决裂。16世纪50年代，一种以改革者约翰·加尔文（John Calvin）为名的加尔文主义在瑞士诞生，并很快传播到了德国西部、法国、荷兰和苏格兰。

亨利八世的 6 位妻子

英格兰亨利八世与罗马天主教堂决裂更多的是由于政治便利，而并不是由于不再热衷宗教。到 1526 年，他与阿拉贡（位于西班牙与法国交界处）的卡瑟琳 17 年的婚姻中，只诞生了一个女儿（未来的玛丽一世，Mary Ⅰ），却并没有生下儿子。

为了保住都铎家族的王室地位（当时他已经迷恋上了朝臣安妮·博林），亨利宣布解除与卡瑟琳的婚约，称卡瑟琳之前嫁给了他的兄弟亚瑟，所以不配继续做他的妻子。教皇拒绝了他的请求，因而双方产生了矛盾，1534 年，亨利八世通过了《至尊法案》（*Act of Supremacy*），使英国教会与罗马脱离关系，亨利成为英国教会的教主。

亨利坚持与卡瑟琳离婚，并秘密娶了安妮·博林，她给他生了一个女儿（未来的伊丽莎白一世，Elizabeth I），但仍然没有诞下儿子。亨利以安妮与他人通奸为由再次解除了婚约，此后，他又结了四次婚，1537 年诞生了唯一的儿子（未来的爱德华六世，Edward VI，1553 年逝世，终年仅 15 岁）。亨利的六任妻子及其当皇后的年份如下：阿拉贡的卡瑟琳（Catherine of Aragon，1509—1533 年）；安妮·博林（Anne Boleyn，1533—

1536 年）；简·西摩（Jane Seymour，1536—1537 年）；克里夫斯的安（Anne of Cleves，1540 年 1 月—7 月）；卡瑟琳·霍华德（Catherine Howard，1540—1542 年），卡瑟琳·帕尔（Catherine Parr，1543—1547 年）。

15 万枚图格哈

1520 年，苏莱曼大帝（Suleiman the Magnificent）统治了已经非常强大的奥斯曼帝国。1453 年，奥斯曼土耳其人占领了君士坦丁堡，并重新定名为伊斯坦布尔，作为伊斯兰国奥斯曼的都城。随后，奥斯曼帝国的疆域扩张到了巴勒斯坦、希腊、埃及、叙利亚和波斯萨菲王朝的部分领土。

由于奥斯曼土耳其帝国前期积累了大量财富，并且政通人和，苏莱曼将帝国疆域扩张到了最大，横跨三块大陆，领土面积 160 万平方公里（约合 100 万平方英里）。1526 年，苏莱曼占领了匈牙利三分之二的领土，由于海军强大，并且在北非名将"红胡子"巴巴罗萨（Barbarossa）的帮助下，苏莱曼继续向地中海东部沿岸挺进。

为了治理如此庞大的帝国，奥斯曼人需要建立强有力的中央集权政府，苏莱曼煞费苦心地重新修订了法律条文（在东方，他被称作苏莱曼苏丹，苏丹一词就是法律制定者的意思）。他在教育、税务和刑法方面进行了重大改革，并且颁布了一部法典，有效期300多年。他还是一位卓越的诗人，艺术的保护者，见证了奥斯曼土耳其

苏莱曼大帝所使用的官方印章

"黄金年代"所有建筑、艺术和文学上的成就。

为了与各级官员以及奥斯曼领土上的外交使臣交流，苏莱曼在国内发行了15万枚图格哈——有花押的皇家印章，所有官方文件和信函后署名时都会用上。这些图格哈十分精美，由官方的书法家们制作，他们在土耳其档案馆任职，被称为迪万（这也是迪瓦尼一词的由来，迪瓦尼是奥斯曼帝国官方文件的意思）。这些图格哈不仅是艺术品，还杜绝了所有篡改或伪造官方文件的行为。

丁香带来的 2500% 的利润

1519年，葡萄牙探险家费丁南德·麦哲伦（Ferdinand Magellan，在西班牙王室支持下）率5艘船的船队去寻找通往东印度群岛的西部海上航线。从1453年前后开始，不断扩张的奥

斯曼土耳其帝国已经控制了欧洲大陆的路上交通，迫使欧洲商人们另寻途径去亚洲（由此开启了探索时代）。麦哲伦绕道南美大陆，成为第一个在太平洋航行的欧洲人，1521年，抵达菲律宾时，船队只剩了3艘船。

然而，太平洋广阔的海域（足有大西洋的两倍大），也让麦哲伦的船队饱经磨难——他们不得不在没有新鲜的食物和水源供应的情况下，航行三个多月的时间。结果，260人的船队在途中便死去了242个。麦哲伦自己也因参与了当地的冲突死在菲律宾。然而，幸存的18人，以胡安·塞巴斯蒂安·德卡诺（Juan Sebastián del Cano）为首，用他们在香料群岛（印度尼西亚的马鲁谷群岛）挑选的货物筹得了钱，尤其是24040千克（约合53000磅）的丁香，在欧洲贩卖获得了2500%的利润。他们乘坐仅存下来的一艘船，绕过非洲回到西班牙，完成了人类史上的第一次环球航行。

算错了15500公里

在麦哲伦之前，西班牙就已经多次派遣船只去海上探险（主要是为了找到直通亚洲的海上航线），最著名的是热那亚人克里斯托弗·哥伦布的航行。哥伦布进行过四次穿越大西洋的航

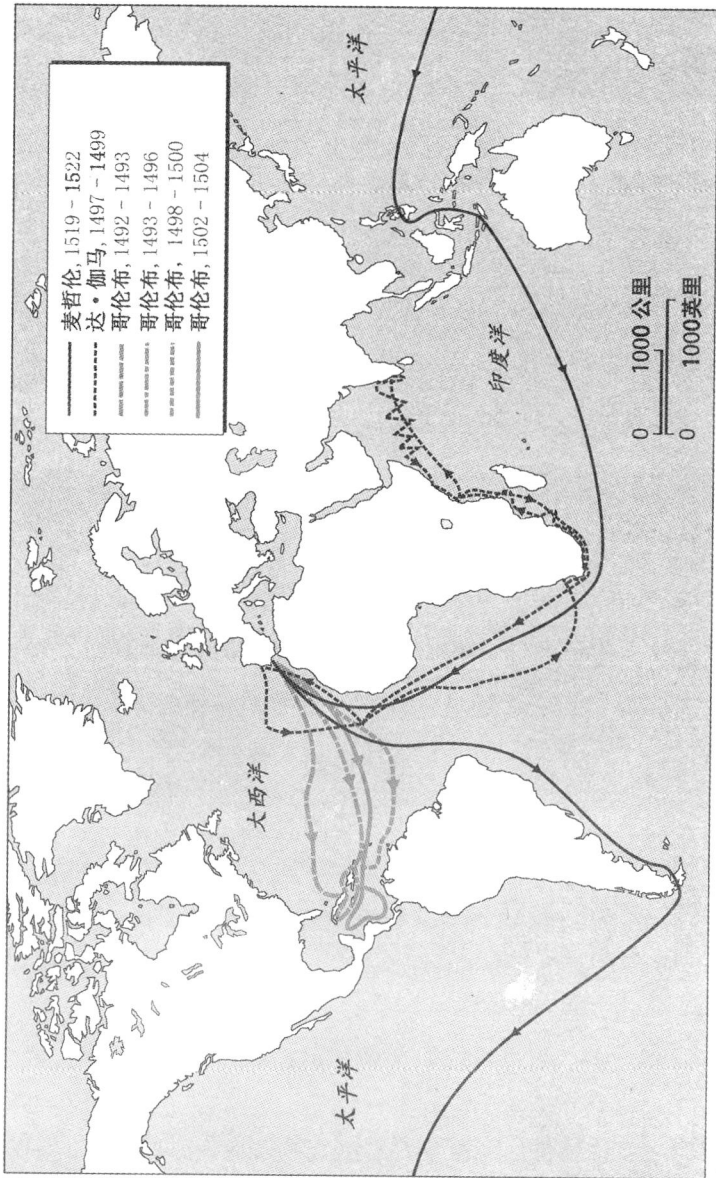

15 世纪末到 16 世纪初的海上探险

图例：

麦哲伦，1519－1522
达·伽马，1497－1499
哥伦布，1492－1493
哥伦布，1493－1496
哥伦布，1498－1500
哥伦布，1502－1504

太平洋

印度洋

大西洋

太平洋

1000 公里
1000 英里
0

行，1492 年第一次抵达了美洲大陆——这是欧洲首次证实了新大陆的存在。

哥伦布原本是想去亚洲的，但却算错了距离，认为日本距欧洲只有 3862 公里（2400 英里）远，而事实上，日本距西班牙的距离超过了 19312 公里（12000 英里）。他抵达的地方不是亚洲，而是如今的加勒比海群岛，他将这里命名为西印度群岛，他还在古巴（他当时认为是中国）发现了烟草。随后的航行中，他返回了加勒比海群岛，而他在伊斯帕尼奥拉（现在分为海地和多米尼加共和国）建立的殖民地陷入叛乱中。从 1498 年到 1500 年的第三次航行期间，他在南美洲东北部海岸上发现了一块地，并在今委内瑞拉境内插了一面旗帜宣示所有权。尽管现在被认为是最伟大的探险家之一，但哥伦布后半生一直拒绝承认他抵达的地方不是亚洲。

第一个经海上航线抵达亚洲的欧洲人是葡萄牙人瓦斯科·达·伽马。1497 年，他所率的四艘船（远远比不上中国郑和的船队）离开葡萄牙里斯本，绕过非洲海岸，于第二年五月抵达了印度加尔各答。虽然只有两艘船安全返回了里斯本，但它们所承载的货物——包括调味品胡椒和香料桂皮——价格不菲（足足是远航开支的 60 倍）。

直通亚洲的海上航线对葡萄牙可是相当有利，使它在西非海岸、阿拉伯、印度果阿地区、香料群岛和中国澳门建立了一系列港口和商栈。

180 人管理 500 万到 1000 万人口的大帝国

1531 年，一位不出名的西班牙探险家弗朗西斯科·皮萨罗（Francisco Pizarro）率约 180 人和 40 匹马抵达了印加帝国海岸（今秘鲁）。他早就听闻南美大陆有一个庞大而富庶的王国，所以他计划将它变成西班牙的殖民地，但几乎没人认为他真的会成功。

征服了秘鲁的海岸线一带之后，1532 年，皮萨罗和他的随从们，史称"征服者"，侵入了印加城市卡哈马卡。印加皇帝阿塔瓦尔帕（Atahualpa）拒绝向西班牙王室俯首称臣，也拒绝皈依基督教，因此，西班牙征服者们俘虏了他。第一次遭遇枪炮袭击和战马驱逐，印加军队瞬间分崩离析。西班牙人在短短两小时内就屠杀了至少 7000 名印加将士。1533 年，皮萨罗占领了库斯科，到 1537 年，印加帝国大部被西班牙侵占，而其 500 万到 1000 万人口也惨遭屠戮。

银子占据西班牙王室年度收入的 15% 至 20%

在占领印加之前，1519 年，西班牙官员赫尔南·科尔特斯

93

（Hernan Cortes）就率领约 400 人的远征军抵达了墨西哥，随后占领了阿兹特克王国。1521 年占领特诺奇提特兰之后，西班牙军队还控制了今墨西哥的其他地方，创建了他们的新殖民地，被命名为新西班牙。新西班牙和秘鲁的殖民地给西班牙带来了巨大的利益，因为当地大量的金银被运到了欧洲，使西班牙变成了欧洲最富庶也最强势的国家。在墨西哥和秘鲁开采的银矿不仅为西班牙的新殖民地提供了运营资金，还占了西班牙王室年度收入的 15% 到 20%，而银矿的产量也从 16 世纪早期的每年 50 吨逐渐增加到 1780 年时的 900 多吨。

8 里亚尔

15 世纪 90 年代，西班牙首先发行了一种被称作西班牙银圆的银币，相当于八个里亚尔。这种银币风行一时，到 16 世纪末，从美洲大陆和亚洲，到非洲和欧洲，世界各地几乎都能流通这种银圆。

银圆直径 4 厘米（1.5 英寸），是世界上第一种全球性货币，到 19 世纪初的十几年中，依然在东南亚和北美流通（1857 年前，西班牙银圆是这些地区的法定货币）。西班牙银圆甚至流通到了澳大利亚：1812 年，澳大利亚新南威尔士缺少英国货币，其总督进口了 4 万块西班牙银圆，磨掉了原银币的中间部分，并给这些银币刻上"新南威尔士 五先令"的字样，由此制造出了一种新的钱币。当今世界上的大部分钱币（包括日元、菲律宾比索和美元）最初都是模仿西班牙八里亚尔钱币而制造的。

八个里亚尔（西班牙银圆）

从 5000 万到 500 万

西班牙人携带着大量欧洲病毒来到美洲，如天花、流感、黑死病、霍乱、斑疹伤寒等，因感染这些病毒而亡的人数达到上百万，而在银矿和农庄，另有上百万人因过度劳作而亡命。据统计，从 1492 年到 1650 年，美洲的本土居民数从 5000 万骤降到 500 万，是一次灭绝性的锐减。

431286 个汉字

15 至 16 世纪，中国人必须记住 431286 个汉字以通过皇室的科举考试。考试内容以儒家的"四书五经"为主，竞争激烈，除参与考试的学员和考官之外，其他任何人都不懂得考生们所写的文字内容（相比之下，欧洲都是用方言，这样文学作品的受众更广，传播速度更快）。

世界 60% 的粮食作物来自美洲

欧洲与美洲之间全面接触的新时代不止给美洲带去了病毒，还促进了新食品和粮食作物的出口，成为了"哥伦比亚大交换"的一个部分。欧洲将小麦、咖啡、香蕉、牛群、马匹、羊和猪等带去了美洲。而美洲则向世界提供了土豆、番茄、南瓜、玉米、巧克力以及大量其他可食用的作物——据估计，全球有 60% 的作物原产于美洲。

西班牙无敌舰队的 130 艘船

16 世纪时，欧洲的东正教会（现在在欧洲南部仍然占主导地位）和新教教会之间的矛盾产生了一系列关于宗教分歧的战争。荷兰革命也是这一波战争中的一次，北方低地国家（荷兰、比利时、卢森堡）的大部分新教省份，都奋起反抗西班牙的罗马东正教国王菲利普二世（Philip Ⅱ）的统治——这一次革命得到了英格兰新教伊丽莎白一世（Elizabeth Ⅰ）的支持。为了报复，欧洲实力最强的西班牙国王菲利普二世，计划入侵英格兰，推翻伊丽莎白的统治。

1588 年，西班牙无敌舰队在英国海域与英女王伊丽莎白一世的船队开战。根据以往的史书记载，这次战争，英国船队在船只数量和武器装备上都远胜过西班牙，英国大获全胜。而事实上，西班牙无敌舰队的 130 艘船包括 35 艘战舰，却只有 19 艘适合在大西洋汹涌的海域作战。西班牙船只更大更重，但英国船队的 197 艘船却更小。武器装备更齐全，灵活性也更好。

英国船队不仅灵活，而且他们的火炮射程远，更新也迅速，所以他们赢得了胜利。撤退的时候，海上突然而至的风暴使西

97

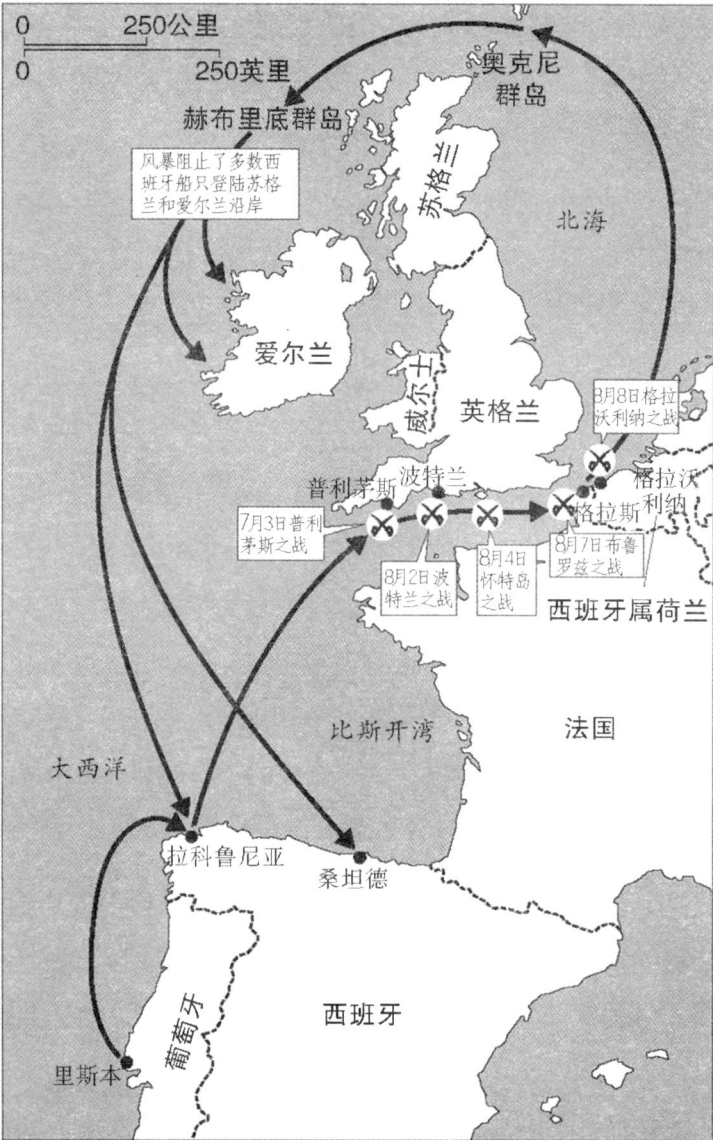

地图标注：

0　250公里
0　250英里

奥克尼群岛

赫布里底群岛

苏格兰

北海

风暴阻止了多数西班牙船只登陆苏格兰和爱尔兰沿岸

爱尔兰

威尔士

英格兰

8月8日格拉沃利纳之战

普利茅斯　波特兰

格拉沃利纳

7月3日普利茅斯之战

8月2日波特兰之战

8月4日怀特岛之战

8月7日布鲁罗兹之战

西班牙属荷兰

比斯开湾

法国

大西洋

拉科鲁尼亚

桑坦德

葡萄牙

西班牙

里斯本

1588 年，西班牙无敌舰队的航行路线

98

班牙无敌舰队的大部分船只沉没，而其他船只则被风暴卷到了爱尔兰西部海域并失事。只有 60 艘船返回了西班牙，在海上丧命的人数约 15000 人。

15 万奥斯曼军队

1683 年，土耳其奥斯曼帝国派遣 15 万人的部队围攻奥地利维也纳。维也纳的军队远远不够——只有约 15000 名将士和 8700 名志愿者——但是，他们有 370 门炮，而奥斯曼土耳其却只有 19 门。两个月之后，土耳其人成功占领了维也纳城外的防御工事，他们甚至开始挖隧道，以便用火药破坏坚固的城墙。然而，当年 9 月 12 日，一支名为神圣联盟的联军赶了过来，联军共 7 万人，在波兰国王约翰·索比斯基三世（John III）的率领下，向土耳其人发起攻击，疲乏不堪的奥斯曼土耳其军队不得不迎战，在战场上丧生的人数达到了 4 万，围攻期间丧生约 2 万人。遭遇这次惨败之后，12 月 25 日，奥斯曼将领卡拉·穆斯塔法（Kara Mustafa）被人用一根丝绸带子勒死。17 世纪末，奥斯曼帝国的所有欧洲领上全部被苏莱曼大帝（Suleiman the Magnificent）占领。维也纳之战标志着奥斯曼帝国在欧洲的统治结束。

萨菲王朝第 5 任国王

多年分裂之后，从 1500 年前后开始，萨菲王朝逐渐统一了波斯和伊拉克部分地区。萨菲王朝主要信仰什叶派伊斯兰教，其疆域大约与今伊朗相当。

萨菲王朝最著名的国王是第五任国王阿巴斯一世（Abbas I，统治期为 1588—1629 年）。他创建了一支常备军，将奥斯曼和乌兹别克的军队逐出了波斯，加强了萨菲王朝的统治。他还将都城伊斯法罕改造成了世界上最美的城市之一，在城内修建清真寺、公共澡堂和大马路。伊斯法罕成为了伊斯兰学术、建筑和工艺制造中心，最著名的是毛毯编织，这一工艺品通过土耳其流传到欧洲（因此得名土耳其毛毯）。阿巴斯统治时，波斯商业兴盛，与外界交往频繁。来到伊斯法罕和波斯驻欧洲使馆的外国大使和商人，对所有波斯的事物都很感兴趣——穿高跟鞋这一行为，很快便成为了西欧的时尚。

1629 年，阿巴斯逝世，没有后裔（对暗杀的极度恐惧使他弄瞎、处决和囚禁了他的三个儿子、父亲和兄长）。随后，萨菲王朝逐渐走向衰落，1722 年，其疆域被阿富汗人统治，1736 年又落入纳迪尔沙（Nadir Shah）手中。

102 名船员和 2 只狗

1620 年 9 月，商船五月花号从英格兰普利茅斯出发，启程去北美。船上共有 102 人（后世称他们为清教徒移民），其中 40 位是新教分裂分子，他们最初逃到了荷兰以躲避宗教压迫，现在则希望能在新大陆定居。船上还有 50 名官员和水手，很可能还有动物——其他史料中提到有两只狗（一只大马士提夫犬和一只西班牙猎犬）。

66 天漫长的旅程中，有两人死亡，一人出生，被命名为欧申纳斯·霍普金斯。五月花号原本是要停靠在弗吉尼亚的，但在汹涌的海浪推动下，最终停靠在了更北部的科德角。他们在荒无人烟的今马萨诸塞州普利茅斯定居下来。只有一半人度过了寒冷的第一个冬天，而且是依靠美洲当地居民的帮助和这些移民的商贸才能才存活下来的，他们在美洲建立了第一个独立自主的英国殖民地。

第 14 个孩子

印度莫卧儿王朝国王沙迦汗（统治期为 1628—1658 年）的妻子泰姬·马哈尔（Mumtaz Mahal）生第 14 个孩子时过世。由于悲伤，沙迦汗在印度北部的阿格拉修建了世界上最美的建筑之一——泰姬陵，以纪念他最爱的三位皇后之一（泰姬陵便是以她的名字命名）。泰姬陵主建筑结合了印度、波斯和伊斯兰教三种风格，中间那栋圆形大屋顶的建筑高达 73 米（约合 240 英尺），1638 年前后完工，参与修建的工人来自印度、波斯、奥斯曼帝国和欧洲各地，共 2 万余人。

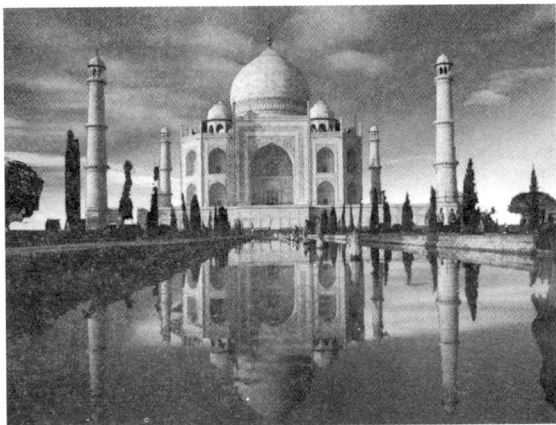

泰姬陵

新法兰西的 15000 人

　　法国在北美的殖民地被命名为"新法兰西"。1453 年，法国探险家雅克·卡地亚（Jacques Cartier）在圣劳伦斯河上探险，法国在北美的殖民活动也由此开始，1604 年，法国皮毛商人们最终定居在阿卡迪亚，1608 年，圣劳伦斯河岸上诞生了一座商贸站，后来发展成了魁北克城。然而，殖民的前几十年里，却一直只有上千法国人在这里生活。1663 年，法国王室接管殖民地并运来更多移民，人口数才增加了起来，到 1700 年时，这里的人口数也才刚满 15000，而美国的英国殖民地却有约 234000 人。

第 2 次布拉格扔出窗外事件

　　1419 年，一群激进的胡斯（捷克爱国者和宗教改革家）运动成员将 15 位布拉格城议会成员扔出了议会大厅的窗门。1618 年，一群清教徒代表，公开反对神圣罗马帝国哈布斯堡王室马提亚（Matthias）国王，及其继承者，忠实的天主教徒费丁南德二世（Ferdinand II），将两位国王的使臣扔出了某城堡的窗口。窗口距地面约 21 米（约合 69 英尺）高，令人惊讶的是，他们居然都活了下来。

两次事件延长了波西米亚混乱的时间，后者迅速影响了欧洲，造成了三十年大战。到 1620 年，波西米亚的清教徒革命被镇压了，丹麦、英格兰和荷兰的新教统治者们发起了一场侵略战争，导致了德国在 1625 年到 1629 年之间损失惨重。其他欧洲强国也参与其中，瑞典国王古斯塔夫·阿道夫斯（Gustavus Adolphus）在对阵东正教军队时获得过几次胜利，但 1632 年，他死在了战场上。

法国加入新教一方时（法国当时的红衣主教黎赛留是东正教教士，但他却志在削弱哈布斯堡的权势），新教一方掌握了主动权。战争继续，法国获胜了几次之后，1648 年 10 月 24 日，战争双方签订了《威斯特法利亚和约》，标志着战争的结束。

战争的结果，东正教国家仍然信奉东正教，新教徒国家仍然保持独立，荷兰也一跃成为了富庶的殖民国家。德国因经多年战争，人口数减半。西班牙也失去了大部分欧洲的控制区，法国也成长为欧洲强国。

烟草获利 500% 到 1000%

17 世纪时，英国在北美东岸建立了许多殖民地，1607 年，英国在弗吉尼亚州的詹姆斯敦建立了第一个殖民地。最初，这些殖民者的生活极其艰险：1609 年至 1610 年的冬天，死亡率达到 80%，但之后抵达的人却更多，大部分都是在殖民地的烟草种植园中工作。17 世纪 20 年代，弗吉尼亚的烟草贩卖到伦敦，售价是在弗吉尼亚的制作成本的 5 到 10 倍。

英国王室看到了其中的长远利益，于是 1632 年，他们在弗吉尼亚州的北方又建立了一个新的殖民地，命名为马里兰（以示对查理一世的妻子亨利埃塔·马利亚的尊敬），也是为了从烟草贸易中获利而建的。这两个地方都位于大西洋河流口的切撒皮克地区，因此马里兰和弗吉尼亚的殖民地都被称作切撒皮克殖民地。

100 英亩土地

17 世纪的大部分时间里，切撒皮克殖民地的居民都是白人。

许多人都是因为殖民地的公有土地继承权而来的，在这一条例下，任何抵达的自由公民都能获得 100 英亩土地。在英格兰，大部分土地都归上流社会的贵族或教士所有，所以，对于英格兰来的普通人而言，这一政策似乎很受欢迎。

大部分定居者——约有四分之三的人都是以契约佣工的身份而来的。这些人大部分都很贫穷，而且身无长技，约 7 年的契约劳作之后，他们才可能获得工资或者购买他们自己的土地。这些殖民地后来进口奴隶来打理烟草地，1670 年建立的卡罗来纳新殖民地就是最先进口奴隶的地方，英格兰的巴巴多斯殖民地用奴隶管理甘蔗生产，卡罗来纳也按这种方式，在烟草地里使用奴隶劳作。

一株郁金香 3000 荷兰盾

1637 年，一位荷兰花商将一朵名为维赛罗伊的郁金香卖出了 3000 荷兰盾的价格，那可是一个手艺高超的手艺人年薪的 20 倍。当时的 3000 荷兰盾可以买到以下商品：2 吨黄油，24 吨小麦，454 千克（约合 1000 磅）奶酪，一个银质酒杯，甚至一只小船——这一切都能换到那不足 14 克重的一朵花。

价格如此昂贵是因为供不应求，尤其是对不同颜色的品种的需求，也导致了 17 世纪时荷兰一场名为"郁金香热"的投机狂潮。这次狂潮于 1633 年至 1637 年间到达巅峰，当时，就连寻常的中产阶级家庭都开始倾家荡产购买郁金香，希望转手能将它们卖个高价。

维赛罗伊郁金香

渐渐地，还没有出土开花的郁金香都能按重量卖了，卖家只要按约提供郁金香的具体信息，便能转卖给其他买家，到买卖狂潮的鼎盛期，贸易变成了纯粹的投机。1637 年早期，人们对花价格不断攀升的质疑导致了价格下跌，而曾鼎盛一时的郁金香贸易也走向了颓废，这使得大部分荷兰寻常家庭遭受了不小的经济损失。这次郁金香狂潮被认为是第一次投机泡沫（这一时期，通货膨胀严重，任何时候都可能崩溃），堪与更近代化时期的经济颓废相提并论，如 1720 年的"南海泡沫"和 1997 年至 2000 年间的网络泡沫。

59 名弑君党人

1649 年 1 月 27 日，59 位议会成员（弑君党人）签署了查理一世（Charles I）的死刑执行令，并盖章予以通过。三天后，查理一世在伦敦白厅被砍头，议会将领奥利弗·克伦威尔（Oliver Cromwell）建立了共和国政权。签署死刑执行令的人们——主要是克伦威尔自己——也是参与对国王查理一世审判的议会成员。他们以"叛国罪"处死了国王，但查理一世却到死都坚称这次审判是非法的，因为法庭没有权利审判上帝指派的国王——"国王不会犯罪"。

克伦威尔

1660 年，查理一世的儿子重新夺回了王位，史称查理二世（Charles II），皇家赦免令撤销了以往对王室的所有指控，驱逐了那 59 名弑君党人。他们中的一部分人在随后的审判中受了公开的绞刑，取出内脏并肢解了，

108

而另一些人终生囚禁，还有一些已经死去的人，如克伦威尔，坟墓被掘，进行了死后枪决并肢解，他们的头颅被挂在威斯敏斯特大厅外的杆上。

11.5% 的人被害

查理一世的审判之后，英国的议会派（圆颅党）和查理一世的支持者们（保皇党）之间爆发了一场长期的（从 1642 年 6 月到 1648 年 9 月）的战争。从 1629 到 1640 年，查理一世专制独裁时期，议会和宗教之间就已经冲突不断，这一时期，查理一世重新使用高圣公会祈祷书，进行礼拜仪式的改革，离间了大量教士和贵族。

两次战争，加上 1649 年查理一世被执行死刑之后所爆发的冲突，1642 到 1651 年间，英格兰、苏格兰和爱尔兰有约 866000 人被杀。当时总人口数约 750 万，被杀掉的人占总人数的 11.5%.

江户城被毁掉 60% 至 70%

据称，1657 年 3 月，一名传教士烧和服引起日本城市江户（今东京）一场大火，史称明历大火。这场火烧遍了整座城市，穿过了隅田川和日本桥运河，甚至烧到了江户城深川和京桥地区。江户城 60% 到 70% 被毁，尸体在街道上堆积成山，被葬在万人墓里。据估计，有 10 万人死亡，但也有推测认为，死亡人数应该是江户城人口数的一半，20 万——跟 1923 年关东大地震及其引起的火灾造成的伤亡（15 万人身亡），以及 1945 年的东京大爆炸（据称死亡人数超过 10 万）造成的伤亡人数相当。

德川幕府花了两年时间来重建江户城，趁机重新调整了城市格局，尤其是它的商贸中心。德川幕府统治期内，江户是其政权的都城，德川幕府从 1603 年开始掌权， 1868 年的明治维新时期结束统治，这一时期史称江户时期。

闭关锁国 2 个世纪

自 16 世纪初期开始，基督教传教士和欧洲商人（尤其是他们带来的技术和武器装备）在日本很受欢迎。基督教开始变成了幕府政权的大威胁，到 1639 年所有传教士和大部分商人都被驱离了日本。与外国的往来严重受限，而且，日本国民禁止离境。这一外交政策，史称锁国政策，实施期两百多年。因此，两个世纪里，日本既没有国外流行病毒入侵，也没有外国武器干扰，国内一片政通人和，经济发展迅速，人口增长也很快，到 1700 年时，江户已经变成了世界最大的城市。

13200 栋房子和 140 座教堂被毁

江户的大火过去九年后，伦敦的大火也毁掉了旧伦敦城的大部分，吞没了圣保罗大教堂，烧毁了 13200 栋房子和 140 多座教堂，却只有 5 人丧生。而 1212 年的那场大火（1666 年之前发生的那次也被称作伦敦大火）却使 12000 人丧生。它烧毁了南华克大部分地区，烧到了伦敦桥（1135 年被焚毁之后才重修建好的），河两岸的大部分人都被困在火中，随后，大火袭到了伦敦城。

45.52 克拉的蓝钻石

1686 年，印度莫卧儿王朝第六任国王奥朗则布（Aurangzeb，统治期为 1658—1707 年），准备征服印度南部和德干高原，占领戈尔康达地区世界最著名的钻石矿。这里的矿床出土的最著名的矿产就是一颗名为"希望"的钻石（又称塔维奈尔蓝钻），重达 45.52 克拉，后来被嵌进了法国国王的王冠上。18 世纪末，它又辗转到了英国，但似乎经过了重新雕饰。现在，它被收藏在美国华盛顿史密森国家自然历史博物馆，据说，其投保的价格为 2 亿 5000 万美元。

占领了钻石矿使奥朗则布成为了世界上最富有的统治者，在他的统治下，莫卧儿王朝的疆域也达到了最大，统治的人数占世界总人数的四分之一。然而，他的统治期却很短暂。1681 年开始，反对印度教的马拉塔国而引起的一场持续 26 年的战争（据称，战争期间，奥朗则布率约 50 万随从，5 万头骆驼和 3 万头大象和活动集市一起旅行）爆发，最终耗光了这片土地上的资源，导致饥荒和疾病并行，国家财政已近乎崩溃。

奥朗则布摒弃了前朝的信仰自由，试图强迫印度教人信仰伊斯兰教。他毁掉了印度教的庙宇和神龛，1675 年还俘虏并处决了第九任锡克教古鲁，禁止锡克教传播。1707 年，奥朗则布死后，莫卧儿王朝一片混乱，18 世纪中叶，莫卧儿帝国灭亡。

英国人的 9 项基本权利

1688 年，东正教的詹姆斯二世（James II）被罢免皇位之后，英国迎来了新教统治者威廉三世（William III）和玛丽二世（Mary

II），1689 年，英国议会通过了《权利法案》（*Bill of Rights*），规定议会权利高于王权，并对各自所有的权利做出了详细规定和限制。这一部法案甚至影响了后来全世界各地的宪法，包括美国《人权宣言》，甚至 20 世纪的《欧洲人权公约》和联合国的《国际人权公约》。

法案规定了英国公民的 9 项基本权利：国王不得干涉法律；国王不得征税；国王不得干涉议员选举；向国王请愿不用担心惩罚；常备军归议会管理；议会言论自由；新教徒可制备武器用于防身；定罪前，对罚金做出的所有承诺皆为非法；刑罚有度。随后的《王位继承法》也按《权利法案》的规定，禁止罗马天主教徒继承王位。

一年 40 万人因天花而亡

17、18 世纪时，欧洲最令人闻风丧胆的疾病就是天花了。在疫苗开发出来之前，这种疾病杀害的人比其他任何病毒都要多——俄罗斯以西的欧洲一年死亡 40 万人——18 世纪时，英格兰有十分之一的人因患天花而亡。

这种疾病的传染性相当高，任何侥幸存活下来的人脸上和肢体上都会留下坑坑洼洼的痕迹或脓包，这是一种更致命的病毒，90% 的感染者都因此丧命，而且大部分还是儿童。那些侥幸存活下来的人终生不能康复，更严重的会致盲。

天花已经存在了上万年的时间了，公元 2 世纪，中国某些地方就有人患天花，但传播到欧洲是 16 世纪。它成了当时最令人恐慌的瘟疫，17、18 世纪，它在欧洲盛行一时。

1796 年，英国医生爱德华·詹纳（Edward Jenner）给一名健康的小男孩注射了一种比致命的天花更温和的病毒"牛痘"，从而发现了天花的疫苗。19 世纪时，大多数国家都展开了疫苗接种的行动，20 世纪初，欧洲大部分国家再没有天花的骚扰了，1934 年，英联邦也引入了天花疫苗，苏联是在 1936 年，美国在 1949 年，中国在 1961 年。1980 年时，联合国才宣布这种病毒已经被完全清除干净。詹纳在免疫工作上的成就无疑"比任何人挽救的生命还要多"。

1240 万奴隶

据统计，有 1240 万奴隶从西非海岸经大西洋运到了加勒比海、北美，以及南美洲的糖、棉花和烟草加工坊和种植园里。

奴隶贸易是借着如下的三角链而展开的：船只从欧洲赶到西非，卸下大量制作好了的商品和武器（西非土著用于俘获奴隶），交换奴隶，并将奴隶带到美洲，然后带着糖和其他殖民地产品回到欧洲。

去新大陆途中，约 200 万人死亡（还不包括在西非海岸上俘获奴隶时死亡的人数，以及那些在被运往海岸时爆发的战争和冲突中死亡的人数）。

欧洲最初与非洲接触时，极少有奴隶贸易，直到中世纪早期，法兰克人、维京人和阿拉伯的伊斯兰教统治时，他们在占领的地区奴役了上千万人。在欧洲本土，15 世纪时，葡萄牙人和西班牙人率先开始奴隶贸易，随后，其他海洋强国如荷兰、英国和法国也开始了奴隶贸易。

17 世纪中期，西非海岸上建起了四十多座奴隶贸易站，约 4 万奴隶被运到了墨西哥，3 万到了秘鲁。18 世纪时，被卖掉的奴隶减少了许多。在北美，1740 年，南卡罗来纳州的奴隶人数与自由白人数之比为 2∶1，马里兰和弗吉尼亚的烟草庄园也是如此。17、18 世纪，约有 200 万奴隶被送到了英国、法国和荷兰在加勒比海地区的庄园，更多奴隶——1550 年至1800 年间，约 250 万奴隶——则被送往了葡萄牙在巴西的殖民地。

平均预期寿命只有 23 岁

1500 年，葡萄牙将巴西划为自己的殖民地，在那里开拓了糖料种植园，到 1600 年时，巴西成为了世界主要的糖料生产中心之一。（糖料制作——甘蔗的收割和熬煮——是很辛苦的工作，因此需要大量奴隶。）由于巴西的经济还要依赖矿藏和咖啡种植，因此奴隶将会继续优先于其他移民劳动力，成为劳力市场的主力。条件非常艰苦，而且许多人劳累致死——到 19 世纪 50 年代，巴西奴隶的平均预期寿命只有 23 岁。按经济常识计算，奴隶主五到六年后更换奴隶比改善奴隶的工作和生活条件，让他们结婚生子更划算。

3 百万到 5 百万人的亚香缇帝国

18 至 19 世纪，西非的亚香缇帝国因黄金、可乐果和奴隶贸易赚取了大量财富。奴隶们被卖到黄金海岸沿岸的欧洲贸易站，以换取欧洲货物和武器。亚香缇帝国的疆域包括今加纳南部，多哥和黄金海岸，人口 3 百万到 5 百万，都城在今库玛西。

从 1824 年到 1831 年，以及其后的 1874 年，亚香缇帝国与英国之间爆发过一系列战争，因为英国一直希望能在西非建立殖民地（1874 年，英国占领并焚烧了亚香缇帝国首都库玛西）。自 1895 年开始冲突，到 1901 年时，英国才兼并了亚香缇帝国。

俄国 90% 的天然气和煤储量

18 世纪时，俄国逐渐成长为欧洲强国，其疆域跨度 12000 公里（约合 7500 英里），从波罗的海沿岸横跨到太平洋沿岸。最重要的是，西伯利亚也在俄国疆域之中——这里矿藏丰富，有世界最大的镍矿、铅矿、钻石矿、银矿和锌矿。（现在，俄罗斯 90% 的天然气和煤矿，以及石油井都位于西伯利亚——没有西伯利亚，俄罗斯不可能成为如今的能源强国。）

前两个世纪里，俄国从一个小侯国成长为一个多民族的大帝国。其第一任沙皇伊凡四世（Ivan IV，即伊凡雷帝），1547 年即位，通过与蒙古的战争使疆域扩大了一倍，并兼并了西伯利亚西南部。17 世纪时，其疆域进一步扩张到了西伯利亚东部和太平洋沿岸，主要是哥萨克人（来自乌克兰和俄罗斯南部的东斯拉夫人），他们去西伯利亚东部和太平洋沿岸寻找毛皮和象牙。

彼得大帝（Peter the Great）自 1682 年开始，与伊凡五世（Ivan

Ⅴ）共同执政，从 1696 年到 1725 年独自掌政，在他的统治下，俄国逐渐成长为世界强国。1721 年的大北方战争中，俄国战胜了瑞典，疆域扩张到波罗的海沿岸，并继续兼并了爱沙尼亚、拉脱维亚和芬兰部分地区。彼得还采取措施使帝国西化，并在波罗的海建了一座新都城，命名为圣彼得堡（意思是彼得观察西方的窗口）。

在叶卡捷琳娜大帝（Catherine the Great，统治期为1762—1796 年）的统治下，俄国的疆域和影响力进一步扩大。俄国逐渐统治了波兰，而且还通过一系列的战争胜过了奥斯曼土耳其，兼并了克里米亚地区，并在黑海和亚述海沿岸建立了大量殖民地。

普鲁士军队 8.3 万人

1701 年，普鲁士宣布建国，它是 18 世纪的第一个军事强国。第二任国王是腓特烈·威廉一世（Frederick William Ⅰ），其统治期的大部分时间都致力于将普鲁士军队训练成一支高效的军事机器。他的统治期开始于 1713 年，当时普鲁士军队有 3.8万名将士；到 1740 年他死时，军队人数增长到 8.3 万人，而当时普鲁士公民人数 220 万——军队人数几乎占总人口数的 4%，这个比率比奥地利和法国的比率多了一倍多。

这是由于普鲁士鼓动全民参军而导致的。营房征集所有男性农民参军，而男性贵族则为军官。腓特烈·威廉一世的儿子腓特烈二世（Frederick II，即腓特烈大帝）接管了父亲创建的雄心勃勃的军队，以及富庶而强盛的政府，并用这些来巩固普鲁士在欧洲的地位。1740 年，腓特烈二世攻占了奥地利富庶的西里西亚地区，然而，在奥地利王位继承战（1740—1748 年）和七年大战（1756—1763 年）期间失去了这一地区。1757 年的罗斯巴赫战役中，腓特烈二世率 3 万普鲁士军队战胜了 8 万多人的法国和普鲁士联军，以少胜多。

乾隆的《四库全书》

从 1644 年开始，清朝一统中国，清朝的乾隆皇帝是中国统治期最长的皇帝之一。乾隆 60 年的统治期（1735—1796 年）使清朝的势力走向了巅峰，当时的疆域跟今天差不多大。作为成功的将领，乾隆摧毁了中亚的蒙古势力，统治了今新疆维吾尔自治区、台湾岛、满洲（今东北地区的旧称）、西藏等地区。

在国内，乾隆优先发展工农业，增加了清朝的财政收入，并鼓励与欧洲的商贸往来。到 18 世纪末，中国的人口增长至近 3 亿。

乾隆帝

乾隆还是一位著名的书法家和诗人（他一生创作 4 万多首作品），也是艺术品和古玩、陶瓷制品和美术作品的收藏家。他尤其钟爱赞助文学著作，这些文学著作就包括了 36725 种手写的《四库全书》，大部分都是记录王朝兴衰以及乾隆时期的富庶的。《四库全书》是关于 5000 年中国历史的百科全书式著作；标题中的"四库"代表着文献的四大传统分支：经、史、子、集。

《四库全书》编纂开始于 1772 年，3800 人参与，花了 15 年时间检查校对，有 7 份抄本，是中国历史上最大型的丛书。《四库全书》字数达 8 亿，是人类历史上最厚重的手抄选集，英国现代创造的维基百科，字数超过 26 亿，是唯一能比得上它的选集。

250：1

清朝并不是由中国人数最多的汉族建立的，而是由居住在满洲（今东北）的满族建立的。他们的人数很少，当时，汉族与满族的人数之比约为 250：1。

泰姬陵建造成本的两倍

1739 年，波斯国王纳迪尔沙（Nadir Shah，通常被称作"波斯的拿破仑"）侵入了印度德里城，屠杀了约 3 万德里居民，掠夺了大量财物，包括莫卧儿王朝传说中的孔雀宝座和科伊诺尔钻石（最终，该钻石被镶嵌进了英国王冠之中）。

孔雀宝座是金制的，最初是为莫卧儿王朝皇帝沙贾汗（Shah Jahan）而制作的。金座底部镶嵌着珠宝，以镶金的孔雀尾羽、红宝石和其他钻石做装饰。以 1150 千克（约合 2535 磅）黄金和 230 千克（约合 507 磅）宝石制作而成的孔雀宝座，造价为泰姬陵的 2 倍，也是为沙迦汗制造的，2000 年时，其拍卖价格为 8 亿零 400 万美金——是历史

孔雀宝座

121

上最贵的珍宝。

1736 年，纳迪尔沙攫取了波斯王位（开创了 200 年的萨菲王朝），通过数次军事行动，打败了波斯的主要对手奥斯曼土耳其，恢复了波斯军事强国的地位。他统治时，波斯疆域跨今伊朗、伊拉克、阿富汗、巴基斯坦、阿曼，中亚部分地区和高加索山区。纳迪尔沙占领了印度，标志着他权力的巅峰时期，之后，他的健康状况每况愈下，他也逐渐变成了专制独裁的统治者（他怀疑自己的儿子企图暗杀他，于是弄瞎了儿子）。

1747 年，纳迪尔沙被自己的一位护卫暗杀，随后他的王国很快便分崩离析了。接踵而至的混乱中，孔雀宝座也销声匿迹了，很可能是被拆分掉了，上面的宝石和金属也散落了。随后的国王仿造了多座孔雀宝座，而且至今仍然是波斯或伊朗王国的象征。

45 千克德国泡菜

18 世纪时，因为缺乏维生素 C 患上败血症而亡的英国海军，比任何一次战争的死亡数要多。船只经长距离航行，新鲜的水果和蔬菜很快被吃完，因而在海军部队这种病特别盛行，几乎能杀害一半的船员。瓦斯科·达·伽马（Vasco da Gama）的船队 170 名船员死了 116 名，大部分都是因患败血症而亡，而麦哲伦 230 人的船队因败血症死掉了 208 人——事实上，据统计，从 1500 年到 1800 年，有 200 万水手因败血症而丧命。

问题就在于，没有人知道败血症因何而起，这种病的表现症状不一，因此有被误诊为梅毒、痢疾甚至精神病的。1753 年，苏格兰军医詹姆斯·林德（James Lind）发现，这种病可以被治愈，只要吃橙子和柠檬便可以预防。1768 年至 1771 年，库克船长（Captain Cook）的全球航行也可以为此作证。所有船员食用限量供应的菜，包括 45 千克（约合 100 磅）泡菜和酸橙汁，他们还鼓励运动健身，自身清洁，等等。旅途中，没有任何船员死亡。

约 30 年的时间内，柠檬和柑橘类的饮料成为了船员的必备品，英国皇家海军食用柠檬和柑橘汁之后，甚至被冠以"柠檬部队"的称号。

342 箱茶叶

1773 年 12 月 16 日，116 名北美殖民者打扮成莫霍克人，登上了停靠在波士顿港的 3 艘船，将 342 箱茶叶搬到甲板上，然后将箱子扔出了船外。被倒进海水中的茶叶共有 40800 千克

1773 年美国波士顿倾茶事件

（约合 9 万磅），价值 1 万英镑（相当于现在 100 万美金）。这次这么多价格昂贵的货物被蓄意扔掉，使波士顿丧失了一年的茶叶，也导致了北美殖民地的革命。

这次事件是由北美殖民地和英国之间不断升级的矛盾冲突所引起的，主要是棘手的税务问题，以及殖民地在英国议会没有代表的问题。代价巨大的七年战争（1756—1763 年）之后，英国政府的国债增加了一倍，于是政府决定给殖民地的各种产品增加税额，由此引发殖民地抗议，1770 年，除了茶叶之外，所有的税都被撤销了。这一方面是提醒殖民者们要对英王室忠心，另一方面也是为了扶持入不敷出的英国东印度公司（一家完全垄断了美洲茶叶贸易的英国贸易公司），这家公司储备了大量的茶叶（高达 770 万千克，约合 1700 万磅）。

英国因此关闭了波士顿港，并削弱了当地政府的职权。1775 年，英王乔治三世（George III）拒绝就税务问题妥协，也对殖民地人们的牢骚抱怨充耳不闻，致使殖民地的武装叛乱升级为全面战争。民众要求独立的呼声越来越高，这一方面是受了启蒙运动的自由主义思想影响，另一方面则是由于托马斯·潘恩（Thomas Paine）的著作《常识》（Common Sense）的出版而引起的，这本小册子主张摆脱英国统治。

由于没有和平解决的希望，1776 年 7 月 4 日，殖民者们通过了《独立宣言》（Declaration of Independence），将英国在美洲的十三块殖民地统一为"自由独立的国度……完全脱离英国王室的统治"。然而，英国却拒绝承认，战争又继续了五年。英国政府试图保持必需品供给（每个士兵每年可以获得三分之一吨食物），却对殖民地当地缺乏了解，而且殖民地一直对英国持不合作的态度，尽管英国军队取得过多次战争胜利，却无法摧垮主将乔治·华盛顿（George Washington）所率领的军队。

据估计，独立战争中死亡的美军将士达到了 25000 人——三分之一死于战场，另外三分之二死于疾病（如果不是 1777 年华盛顿开始给将士们接种预防天花的疫苗,这个比率还会更高）。数万名美洲白人是为英国而战的（约有五分之一的美洲白人对英王室忠诚），对阵双方都有非裔美洲人，他们之中部分人担心独立会废除奴隶制（美国的奴隶数增长很快，1750 年，美国殖民地的奴隶约 236000 人，而 1810 年增长到了超过 100 万）。

1778 年，法国加入了革命者一边，使战争出现了转折点，1779 年，西班牙也加入了独立者阵营。1781 年，法美联军在弗吉尼亚州的约克镇赢得了最后一场主要战争的胜利，俘虏了7000 多名英军将士。1783 年，《巴黎和约》（*Treaty of Paris*）最终承认美利坚合众国的独立——而法国当时财政入不敷出，最终导致了法国大革命的爆发。

55 位代表

1787 年，55 位代表起草并通过了《美国宪法》，奠定了美国代议民主制的基础。美国开国之父，如乔治·华盛顿、托马斯·杰斐逊（Thomas Jefferson）、詹姆斯·麦迪逊（James Madison）和本杰明·富兰克林（Benjamin Franklin）就在这些杰出的代表之列。自通过以来，这部宪法先后被修改过 27 次。

乔治·华盛顿

126

13 根条纹

1777 年，大陆会议通过了《国旗法案》，其中规定："美国 13 个州用 13 根条纹代替，颜色红白相间；合众国 13 颗白色的星星，用蓝色做背景，代表着一个新的国度。"（这面新旗帜与英国东印度公司的旗帜十分相似。）自此以后，随着美国疆域的扩张，美国国旗上又添加了新的星星。1960 年，国旗上添加了最后一颗代表夏威夷的星星，现在，美国的国旗上有 50 颗星星。

3 个阶级

1789 年 5 月 5 日星期日，法国国王路易十六（Louis XVI）召集了一次"三级会议"，这也是 175 年里的第一次，它代表着法国社会的三个阶级：教士、贵族和平民，也称第三阶级。法国约有 1 万名教士，贵族约 40 万人，他们都免于交税。而第三阶级，从富裕的中层阶级到农民工人，一共 2500 万人，他们虽然贫穷，但却要交税——农民和工人承担了大部分的税务负

法国三级会议召开

担，而法国大部分城镇免税。

经济危机，加上耗费巨大的战争（尤其是加入美国独立战争反对英国），使法国王室召集了三级会议，希望能提高征税额度。与此同时，18世纪80年代的歉收使食物价格飞涨，更加剧了人们生活的贫困程度。（人口数从1700年的1900万增加到了2400万至2600万，而粮食产量并没有相应增加，因此，如果收成仅减少10%，人们就会挨饿，而当时收成却不断减少。）

各阶级代表聚集一堂，第三阶级（占国民总人数的97%）的代表们抱怨，他们的影响力不够——贵族和教士能够凌驾于他们之上。因此，在启蒙运动的自由主义思想和政治代表地位不够的影响下，第三阶级的资产阶级领导者们宣布脱离法国政府，组建了议会——国民议会。

在巴黎，人们很欢迎国民议会，1789年7月14日，巴黎人民攻占了巴黎象征着王权和专制的巴士底狱。法国革命从城市推进到农村，80%的法国人都居住在农村。国民议会取消了贵族特权，主张向贵族征税，并免除了宗教捐税。他们还起草了《人权和公民权宣言》，主张法律面前人人平等，维护人类追求自由的天性，反对压迫，提出了法国大革命的一系列原则：自由、平等、博爱。

愈演愈烈的军事暴动导致了更激进的政策诞生：1792年法国废除了君主制，建立了共和国。1793年，路易十六和皇后玛丽·安托瓦内特（Marie Antoinette）被处死，雅各宾派及其领导者马克西米利安·罗伯斯庇尔（Maximilien Robespierre）掌控了局势，建立了激进派政府，并实施恐怖政策，约45000人被处决。1794年，罗伯斯庇尔被处死之后，这次恐怖专政才宣告结束，随后，法国由吉伦特派掌权，直到1799年，科西嘉人拿破仑·波拿巴（Napoleon Bonaparte）篡夺了政权为止。

法国新纪年元年——1792年

为了摒弃宗教和王室纪年，法国革命者们引进了一套新的纪年法，一年12个月，每月30天。一个星期10天，每周休息日一天，每天 10 个小时，每小时 100 分钟，每分钟 100 秒（但这种周历和时间算法仅限巴黎使用）。

月份的名称是由诗人兼记者法布尔·戴格朗汀（Fabre d'Eglantine）提出来的，是受法国的主要气候和自然条件影响而形成的：葡萄月、雾月、霜月、雪月、雨月、风月、芽月、花月、牧月、收获月、热月和菓月。（英国讽刺作家用这些月份的昵称来命名法国的四季：Wheezy、Sneezy、Freezy、Slippy、Drippy、Nippy、Showery、Flowery、Bowery、Wheaty、Heaty、Sweety。）元旦是王位废除的那一天，公历 9 月 22 日，新的历法元年就是公元 1792 年。这套历法法国政府使用了十二年。

4 千克羊毛

18 世纪时，英国兴起了一场轰轰烈烈的农业革命，促进了人口增长，使英国社会和经济状况产生了巨大改变。

1750 年到 1850 年间，由于农业新技术的出现，英国农产品产量急剧增加。新的繁殖技术使动物体型更大，质量更好，1700 年到 1800 年间，牛羊肉的产量翻了一番。选种培育还提高了产量——18 世纪时，一只羊能产出约 4 千克（约合 9 磅）羊毛，是中世纪时期一只羊的 6 倍。

其他革命，包括圈占英国四分之一土地的圈地运动（之前都是在户外的田地里呈条状）使土地面积增大，产量增加；杰斯罗·塔尔（Jethro Tull）发明的节收机——一种机械化的播种机，提高作物的成活率；以及促进轮作的工具，极大地提高了作物产量，家畜产量也随之提高，改善了土壤的肥力。

纺 1000 根棉线

农产品产量的大幅提升促进了技术革命的到来，史称工业革命。尤其是棉花产业的机械化，18 世纪初期，棉花产业所创的收入占英国国民收入的十分之一。

数千年来，布料都是人在家里手工纺织而成的（手工作坊），直到新机器的发明，大大提高了纺织的速度。1770 年，詹姆斯·哈格里夫斯（James Hargreaves）发明的珍妮纺纱机一次可以纺出 8 根棉线。10 年后，塞缪尔·克朗普顿（Samuel Crompton）发明的走锭细纱机，以蒸汽或水力为动力，一次能纺 1000 根线。

为了安放这些新机器，大胆的商人们设立了工厂，而炼铁厂和煤矿则争相生产原材料，以制造新机器并为之提供能源。1782 年，经苏格兰工程师詹姆斯·瓦特（James Watt）改良过的蒸汽机，英国很多矿井、磨坊和工厂都在使用。自 19 世纪早期之后，火车头都用蒸汽机做动力机，到 1855 年，数万公里的铁路遍布英国全境。

平均预期寿命 18.5 岁

随着工业革命的推进，工人们也逐渐从农村搬到了工厂和矿井附近的城镇，促进了城市化的进程。1850 年时，英国的一半人口居住在城市里。但是，那些工人们的工作条件并没有得到什么改善，只是从季节性的手工作坊转移到了条件更艰苦的工厂里。据估计，英国的年平均工作时间从 250 天（与现在的平均值相当）增加到了 18 世纪初叶的 350 天。（中世纪时，农民们的工作时间远不足 250 天。）

虽然后来的工厂改革改善了工作条件，并出台了相关法律禁止使用童工，但童工仍然很普遍。多数发展迅猛的城市里，狭窄而肮脏的居住条件导致了疾病的滋生，特别是霍乱和斑疹伤寒。18 世纪中期，达德利工人的平均预期寿命只有 18.5 岁，比多数非洲奴隶的预期寿命都要低，自青铜器时代以来，这种情况在英国很少见。

778 名罪犯

1788 年，一支由 11 艘船组成的船队抵达了澳大利亚东海岸。船上有 778 名英国罪犯、443 名水手和 211 名水兵、官员和他们的家人。船队最初靠岸的地方是博特尼湾，后来他们又移到了另一处更适合登陆的天然海港，命名为悉尼湾，1788 年 1 月 26 日，他们正式开始定居在澳大利亚。

18 年前，英国探险家詹姆斯·库克（James Cook）船长也抵达了博特尼湾，他和他的同伴们成为了首批抵达澳大利亚东部海岸的欧洲人。（荷兰人 17 世纪就绘制了澳大利亚西部和北部海岸的地图，但却并没有在那里定居。）此后，库克宣布澳大利亚整个东海岸归英国所有，并将它命名为新南威尔士（他认为那里跟英国威尔士南岸相似）。库克一共在太平洋考察探险了三次，途中他抵达过塔西提和南太平洋的所有主要的群岛，环新西兰绕航一圈，准确绘制出了新西兰两座主岛的海岸线，还发现了夏威夷，并对其进行了探索（1779 年，他在这里被杀）。

从 1788 年到 1868 年（因犯流放结束之后），约 162000 位因犯被流放到新南威尔士、范迪门的土地（塔斯曼尼亚 1803 年开始于此定居）和西澳大利亚（1829 年建立）。其中，近 137000 人是男性，而且大部分是来自工业区的贫穷的年轻人，他们多数是犯盗窃罪而被流放的，期限不超过 7 年，女性25000 名。

起初，澳大利亚的殖民地的居民，罪犯占了大多数，但1793 年开始，自由公民也开始抵达这里，到 1800 年时，新南威尔士的自由公民人数超过了罪犯。罪犯所要面临的形势是非常艰难的，然而，只有 15% 的罪犯是真正被关进监狱或用铁链锁住做苦工的。1801 年后，表现良好的囚犯可以获得假释许可证，让囚犯劳作获得报酬甚至免罪，只要他们不回英国。1868年，英国禁止流放囚犯，而当时澳大利亚居民已经达到 100 万，完全不需要囚犯便能自给自足了。

250 个原住民民族

1788 年，澳大利亚的原住民有 250 多个民族，每一个民族都有多种语言（其中有 200 个民族现已消失），人口估计约 30万到 75 万左右。欧洲殖民者带来的病毒造成了毁灭性后果，尤其是天花，澳大利亚东南部 40% 到 60% 的原住民都因感染该病毒而亡。

多数原住民遭到了白人殖民者的杀害，残忍摧残（其暴力程度仍然遭受争议），或者被迫从自己的居住地被驱逐。澳大利亚塔斯曼尼亚的原住民几乎被赶尽杀绝了。史学家菲利普·奈特利（Phillip Knightley）估计，澳大利亚的原住民人数从 1788 年的近 30 万减少到了 75000。据统计，2011 年，澳大利亚的原住民有 67 万，仅占总人口的 3%.

25 万军队

1792 年至 1815 年的法国大革命和拿破仑战争期间，法国要面对的敌人是欧洲各国的联军，首当其冲的是奥地利、普鲁士、荷兰联合省和英国。

尽管 1805 年，霍雷肖·纳尔逊（Horatio Nelson）将军在特拉法尔加之战中击败了法国和西

拿破仑·波拿巴

班牙的联合舰队，使英国成为了世界上最先进的海上强国，但欧洲大陆上称霸的还是拿破仑·波拿巴。拿破仑为守卫共和政

权而战，1805 年 12 月，奥斯特利兹之战中，拿破仑击溃了奥地利和俄国联军，增加了他在欧洲的势力。

参与法国大革命和拿破仑战争的将士们都是法国 1798 年大规模征兵招募而来的——1800 年至 1812 年间，应征入伍的法国男性一共 130 万人。1800 年后，拿破仑的常规部队共有 25 万人，而 50 年前，在欧洲作战的军队人数都不过 6 到 7 万。

1812 年入侵俄国时，拿破仑的军队规模达到了最大，一共 60 万人。1812 年的博罗季诺之战，法国击败了俄国，占领了莫斯科，然后他们不得不向西撤退，因为寒冷、饥饿和疾病，加上与俄国的战争，每天有 5000 到 6000 将士死亡。据统计，有 40 万法国将士死在俄国，其中约 22 万死于疾病，多数是由于患斑疹伤寒或痢疾而亡。（战争期间，斑疹伤寒非常流行，第一次有记录的斑疹伤寒流行期是公元前 430 年的雅典瘟疫时期。）

此后，法国军队的威势并没有完全恢复，1814 年，拿破仑被迫退位。1815 年，他重新掌权了一段时间，但不久，在滑铁卢战役中被普鲁士、英国和比利时联军击败。

拿破仑百日王朝

1814年拿破仑退位之后，逃亡到了意大利西部海域的厄尔巴岛。10个月之后，拿破仑逃回了法国，经过阿尔卑斯山时获得了部分民众支持，1815年3月20日回到了巴黎。他在很短的时间内推翻了复位的路易十八（Louis XVIII），建立了一个政权，史称百日王朝，统治了28万人，但最终，1815年6月18日，拿破仑却还是在滑铁卢战役中惨败。

拿破仑再次被迫退位，这一次，英国王室将他流放到了非洲西南部海岸以西1950公里（约合1200英里）之外的圣赫勒拿岛，1821年，拿破仑在这里逝世。百日王朝的持续时间通常是指从1815年3月20日拿破仑回到巴黎，到1815年7月8日路易十八第二次复位这段时间，确切来说，是111天。

欧洲五大强国

拿破仑战败之后，1814至1815年间，欧洲各国召开了一次和平会议：维也纳会议。它确定了欧洲的新局势，主要有五大强国：英国、法国、普鲁士、奥地利和俄国。政治疆域也重新分配了：法国失去了之前侵占的所有疆域，路易十八复位；荷兰共和国与比利时重新统一，由一位国王统治；波兰和意大利的领土被五大强国瓜分。这样的规定使欧洲战争消停了近一个世纪。

一英亩土地 4 分钱

1803 年，在新任总统托马斯·杰斐逊任职期内，美国政府做成了史上最划算的一笔交易。拿破仑此时正与英国交战，因此很希望抛出自己防守不了的区域，于是将路易斯安那州以 1500 万美元的价格卖掉了。一下子，美国就得到了东到密西西比河，西到落基山，南到墨西哥湾，北至加拿大，一共2144520 平方公里（约合 828000 平方英里）的领土，相当于1783 年从英国得到的领土的两倍大，美国版图向西部扩张了。最终，美国 13 个州以每英亩 4 美分的价格部分或整体购买下了这些土地。

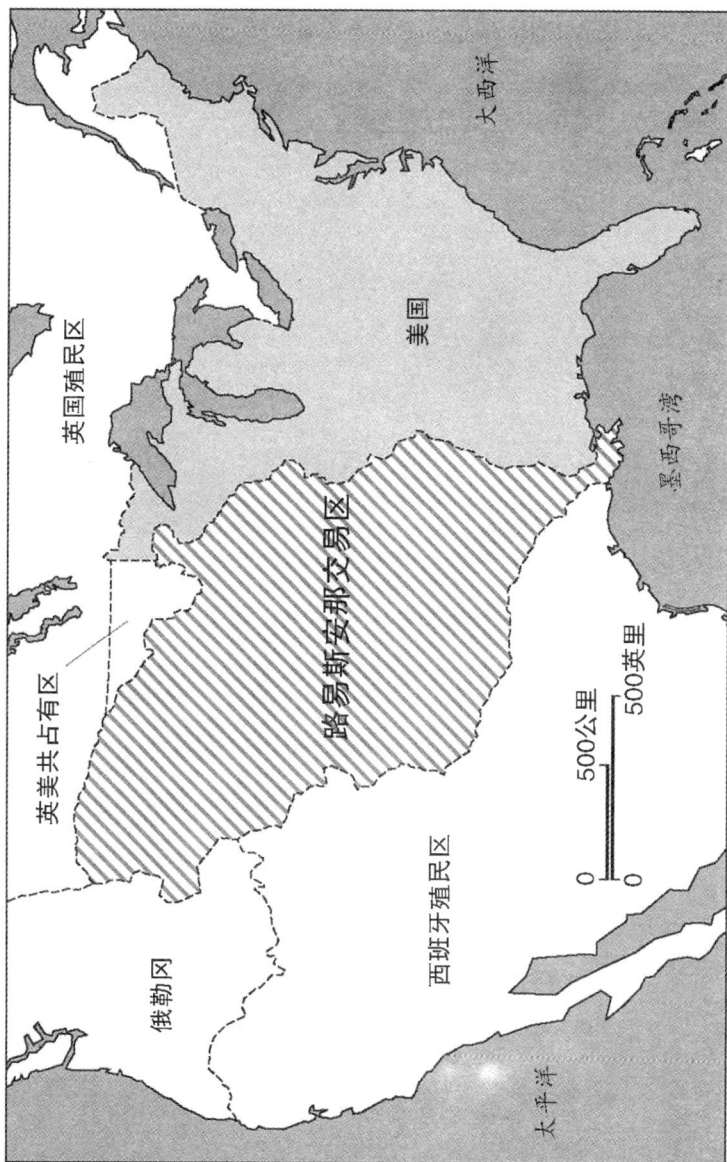

大西洋

英国殖民区

美国

英美共占有区

路易斯安那交易区

墨西哥湾

俄勒冈

西班牙殖民区

500公里

500英里

太平洋

1803 年路易斯安那交易

拉丁美洲的 7000 名英国志愿者

北美和法国的革命也激起了南美洲的西班牙殖民地争取独立的斗争。1808 年，拿破仑在半岛战争中废黜了西班牙王室之后，西班牙在美洲的殖民地陷入战乱之中，这也成为这些殖民地独立战争的导火索。

这些团结起来为西班牙美洲殖民地独立而战的将士们，包括近 7000 名英国和爱尔兰的志愿者，他们大部分都是曾参与过拿破仑战争的老兵（1817 年，《泰晤士报》估计，2500 万人中，曾参战过的老兵就有 50 万）。然而，还有一部分人是因为向往自由和团结的南美洲而参战的，比如伟大的委内瑞拉将领西蒙·玻利瓦尔（Simón Bolívar），他领导了委内瑞拉、哥伦比亚、厄瓜多尔、秘鲁和玻利维亚摆脱西班牙殖民，获得独立的战争。

1819 年 8 月 7 日，在玻利瓦尔的率领下，英国和爱尔兰志愿者参与了博亚卡之战，随后，哥伦比亚（当时称新格拉纳达）宣布独立。1821 年 6 月 24 日，600 名英国将士在卡拉沃沃之战中发挥了关键性作用，以少胜多战胜了西班牙军队，委内瑞拉独立。战争中，有超过 100 名英国将士战死，包括他们的将领托马斯·费里尔（Thomas Ferrier）。玻利瓦尔将英国将士称作"我祖国的救星"。7000名英国和爱尔兰志愿者们之中，有3000名死于战场或疾病，500名留在了委内瑞拉，而其他的都返回了国内。

玻利瓦尔

随后，玻利瓦尔南下，去帮助其他地区的独立战争，圣马丁（José de San Martin）和他的副将伯纳德·奥·希金斯（Bernardo O'Higgins）率军击败了西班牙在智利的军队，1818年，智利宣布独立。1822年，玻利瓦尔还驱逐了西班牙的残余势力，1824年，他成为了智利的统治者。1825年，他在上秘鲁地区建立了一个共和国政权，后为了纪念他，改名为玻利维亚。1830年，南美洲各地完全摆脱了西班牙的殖民统治。1816年，阿根廷独立，1821年，墨西哥独立。1822年，巴西也摆脱了葡萄牙的殖民统治，宣布独立。

25 万吨生铁

18、19 世纪席卷英国的工业革命很快就侵入了欧洲和世界各地。从 1820 年前后开始，工业革命的浪潮席卷了西欧各地，尤其是煤产量大的德国、法国北部和比利时。

德国的生铁产量从 1825 年的 4 万吨增长到了 19 世纪 50 年代的 25 万吨。与此同时，法国的煤和铁产量也翻了一番。1871 年，德国的统一更促进了钢铁、化学制品和电气工业的飞速发展。

铁路也蔓延到了欧洲和世界各地。1869 年，美国建造了第一条横跨美洲大陆的铁路线，里程 5 万英里（1820 年到 1850 年间，英国的铁路线长度只有 6000 英里）。美国的工业化实际上是以指数级增长的，而棉花和纺织品也促进了其经济的发展（到一战时，南方的生棉花出口量仍然占美国货物出口总量的 25%）。到 1900 年时，美国已变成了世界领先的工业强国，工业产出占据世界工业产出的 24%（相比之下，英国只占了 18%）。

马克思提出的 6 个历史发展阶段

马克思　　　　　　　　　　恩格斯

　　工业革命为某些人带来了巨大利益，尤其是那些实业家、专业人士和商人，而大部分普通工人的生活和工作环境仍然艰苦不堪。19 世纪时，欧洲工业强国的贫富差距加剧拉大——1854 年，普鲁士 21% 的国民收入落入了仅占总人口 5% 的富人手中，1913 年时，富人的收入占国民收入的 43%；1780 年至 1830 年间，英国的人口数翻了一番，每个工人的生产量增加了 25%，而收入仅增加了 5%。

　　所有欧洲人都期待着政治和社会的变革。最优秀的两名思想家是德国哲学家卡尔·马克思（K. Marx， 1818—1883 年）

和弗雷德里奇·恩格斯（F. Engels，1820—1895年），在1848年出版的《共产党宣言》（Communist Manifesto）中阐述了他们的思想。他们认为，经济基础决定上层建筑，并将人类历史划分为六个发展阶段：由狩猎者和收集者构成的原始社会；进化到主仆关系分明的奴隶社会；然后是封建社会、资本主义社会和社会主义社会，最后才是共产主义社会（没有财物和私人财产的观念，也没有政府、法律和阶级的区分）。

他们相信，社会主义国家是以一切共同所有，自给自足为基础的，而这些只能通过武装斗争才能实现，武装斗争才能唤醒欧洲多数信仰自由的中层阶级，让他们也能在政府占有一席之地，这些人大部分都选择活在当时的社会制度之下。

欧洲工人阶级的不满和失业状况，以及爱国主义情绪的高涨，再加上中产阶级要求宪法改革的呼声，导致了1848年的一系列革命，从法国开始，传播到欧洲大部分国家和地区，包括匈牙利、奥地利、爱尔兰、瑞士、丹麦，德国和意大利等国。一年内，反革命势力便控制了局势。革命并没有取得任何长久的成效，但欧洲各国的政府被迫开始倾听民声，而君主专制也逐渐走向了灭亡。

欧洲 8 个新的单一民族国家

从 1830 年到 1905 年，民族主义——同一民族，使用同样语言，拥有相同历史的族群应该统一为一个国家的理念，在欧洲开始萌芽。有 8 个民族获得了独立或统一。1830 年，比利时摆脱了荷兰统治，获得了独立；1827 年，五大强国派出一支同盟舰队，摧毁了土耳其 - 埃及的联合舰队，1832 年希腊也从日渐衰落的奥斯曼帝国之中独立出来，1859 年罗马尼亚也宣告独立；1861 年，意大利成为了统一的国家，1871 年德国统一；保加利亚和塞尔维亚 1878 年独立，挪威 1905 年宣布独立。

2.5% 的意大利人说意大利语

然而，民族主义却并没有在欧洲深入人心。大部分人都只忠诚于自己所住的地方，没有人远离生育自己的地方。1861 年，在意大利，仅有 2.5% 的意大利人说意大利语：北方说法语，而其他地方也存在着多种方言。意大利语则被视为一种文学语言。

因此，意大利政治家加富尔伯爵（Count Cavour）认为，意大利的统一只能通过外国武装干预来实现。在法国拿破仑三世（Napoleon III）的帮助下，意大利人驱逐了奥地利人。到1870年，朱塞佩·加里波第（Giuseppe Garibaldi）在西西里岛和意大利南部战胜了波旁王朝国王之后，意大利全境统一。

普鲁士首相奥托·冯·俾斯麦（Otto von Bismarck，1815—1898年）也意识到，普鲁士民族占多数的德国也只能靠战争获得统一。1866年，奥地利－普鲁士战争中，奥地利失败了，德国的疆域得到了扩张。1870年，俾斯麦诱使拿破仑三世参战，法国失败，将阿尔萨斯和洛林割让给德国。在民族主义的驱使下，1871年，德国各邦宣誓效忠于他们的新国王威廉一世（Wilhelm I），俾斯麦为首相。新德意志王国很快就成为了欧洲大陆的霸主之一。

大迁徙

殖民国家的成长、工业化和改善的交通条件（尤其是远洋蒸汽船和铁路的普及）导致了19世纪大规模的人口迁徙。有的移民希望得到工作，便宜的土地和更好的生活，有的是逃避迫害（1880年至1920年间，大量的俄裔犹太人离开俄国，多数定居在北美）。

19世纪时，5100万俄国人迁徙到中亚、中国满洲和西伯利亚（1801年至1914年间，有700万俄国人迁徙到了西伯利亚）；5200万印度人和中国人迁徙到东南亚、澳大利亚、新西兰以及其他南太平洋和印度洋岛屿；5800万欧洲人移民到美洲。

迁徙的绝大部分欧洲人——1800年至1917年间，约3600万人——迁徙到了北美，多数是英国人、爱尔兰人和德国人。600万欧洲人迁徙到了南美洲，尤其是阿根廷和巴西，西班牙人、葡萄牙人、意大利人和德国人都定居在这里；另有500万——主要是英国人和法国人——定居在了加拿大。

1/3 的爱尔兰人以土豆为生

欧洲最后一场生存大危机是土豆晚疫病，首先出现在北美，随后传播到欧洲各土豆种植国。1845年至1851年，这场瘟疫给爱尔兰以重创，因为土豆是爱尔兰人的主食——三分之一的爱尔兰人以"码头工人"土豆为生。土豆减产导致了大规模的饥荒，超过100万人死亡，而另有100万人离开了爱尔兰。

很多移民去了英格兰、苏格兰、加拿大和澳大利亚，然而大部分移民定居在北美，这种趋势在饥荒之前就已经开始，而饥荒之后更多的人定居到了那里。到1850年，美国多数城市居民有四分之一是爱尔兰人。2010 年，3470 万美国居民是爱尔兰裔，比爱尔兰本土居民还多了 7 倍多（458 万）。

54° 40' 或开战

英美争夺北美西北太平洋区域时，"54° 40' 或开战！"这一句口号使美国民众激动不已。美国的领土扩张者们声称，美国对俄勒冈国直到北纬 54° 40' 的这一区域享有主权。而最终，1846 年的《俄勒冈条约》（Oregon Treaty）将分界线划定为北纬 49 度，而这也是今美国和加拿大西部国界。

1803 年买下了法国路易斯安那州之后，美国的疆域更深入了美洲大陆，它向西部太平洋沿岸的扩张也促成了史上最大规模的一次迁徙。1820 年，佛罗里达州、密苏里州和缅因州加入美利坚联邦；1845 年，美国兼并了得克萨斯共和国，1846 年至 1848 年的墨西哥－美国战争，美国获胜，因此收获了加利福尼亚和新墨西哥。到 1850 年，美国 2300 万人有一半都居住在阿巴拉契亚山区以西的地方，1815 年时，该山还是美国的国界线，当时，只有七分之一的美国人居住在阿巴拉契亚山以西的区域。

1845 年，一位报刊编辑首先提出了"昭昭天命"的思想，本是用以论证兼并得克萨斯的合理性，后成为了其他的支持扩张的人用的口号，他们声称开发并定居西部是美国人的责任。19世纪后期，上千万的美国和欧洲移民定居在这些新开发的土地上，到1898年，西班牙-美国战争后，美国从俄罗斯买下了阿拉斯加（720万美元成交，一英亩约2美分），兼并了夏威夷，并占领了多个海外地区，包括波多黎各、关岛和菲律宾群岛。

9万美国本土居民

随着北美的移民向西部挺进，美国本土居民被迫离开家园，多数人因战乱、疾病和失去生活来源而亡命。从1830年到1895年，美国本土居民从200万减少到了9万，7000万头野牛（大平原印第安人的主要食物之一）被屠杀。

对"西部大蛮荒"的曲解让人误以为，到处抢掠的印第安人总是袭击向西部迁徙的移民。事实上，据统计，1840年到1860年间，以马车队穿过印第安人居住区的50万美国移民中，只有362人是因遭遇当地人袭击而亡的。在美国西部定居的大部分是农民，并不是电影里所出现的带枪的牛仔：农民与牛仔的人数比例约为1000∶1。

21 英里电缆

　　1853 年至 1856 年的克里米亚战争，俄国对阵的是土耳其、英国、法国和萨丁尼亚联军，这也是电缆第一次在战场上使用。战争结束时，克里米亚地区被埋了 21 英里长的电缆，将 18 个电报站联系到一起，1855 年 4 月，还埋下了从瓦尔纳到巴拉克拉瓦 340 英里长的海底电缆。

　　关于战争的信息迅速传播到了参与战争的各国，其更新信息的时间之快是以往的战争所达不到的。到 1855 年时，克里米亚的战况数小时内就能传送到伦敦（40 年前，威灵顿将军在滑铁卢战胜了拿破仑的消息抵达伦敦花了两天的时间）。克里米亚战争也是第一次有图文报道的战争。

　　最终，联军获得了胜利，1856 年，俄国签订了一份合约。然而，丧生的人非常多：25000 名英国将士、10 万名法国将士和 100 万俄罗斯将士死亡，绝大部分是由于患病而没得到照料而死的。

2 万箱鸦片

在中国南部虎门镇外的珠江河岸上，中国官员林则徐下令销毁 2 万箱鸦片。鸦片量超过 1000 吨，500 人花了 3 周多的时间才将所有鸦片都扔到了装满石灰、盐和海水的坑里，然后不停地在上面踩踏，剩下的残渣都倒进了中国南海里。

林则徐一直按清朝皇帝的命令，试图禁止与外国的鸦片贸易，这些鸦片大部分都是通过英国东印度公司运送过来的，到 1830 年，中国有约 1000 万人吸食鸦片成瘾。与此同时，1800 年，英国要从中国购买大量的茶叶，一年约 1040 万千克（2300 万磅），造成贸易收支不平衡，英国人试图以向中国贩卖印度鸦片来抵消——从 1821 年到 1837 年，鸦片的贸易量就增长了五倍。

英国对林则徐执意禁烟感到不满，于是派出了 16 艘战舰包围广州城，1842 年占领了上海。《南京条约》（中国的第一个不平等条约）承诺给予英国赔偿，并割让了香港。后来，清朝政府拒绝给《南京条约》增加更优惠的条款，1856 年至 1860 年间爆发了第二次鸦片战争，这一次，法国也加入了进来。北京被强占之后，1860 年，《天津条约》开放了另外 10 个对外贸易港口。

2000 万人丧生

第二次鸦片战争爆发后，中国中部大部分地区都遭遇了史上破坏性最强的内战。从 1850 年至 1864 年，超过 2000 万人丧生——这比一战时所有参战国的死亡人数总和还要多一倍多。

太平天国运动的领导者是基督教徒洪秀全，他自称是耶稣基督的弟弟，是来拯救中国的。这场运动开始于广西省，他们利用对上帝的信仰吸引穷苦农民和工人（多数人都是吸食鸦片上瘾了的）。队伍人数迅速从数千人增长到 100 多万，而且是狂热的训练有素的士兵，这次起义迅速传播到了长江中下游地区。1853 年，起义军攻占了南京（并重新命名为天京），此后控制了中国南方的一大片区域。

西方势力帮助清政府镇压这次起义，而清政府则给它们开设了更多的通商口岸，并使鸦片贸易合法化。1864 年，清朝攻陷了南京，太平天国运动失败，然而清朝并没有完全从内战的创伤中恢复过来。

1/15 的美国军人丧生

美国历史上死亡人数最多的一次战争是南北战争，可能造成了 62 万人丧生（近现代的一项研究表明，死亡人数可能高达 75 万），比两次世界大战的美军死亡人数还要多，两次世界大战美军的死亡人数仅534000 人，也比史上任何一次美国战争的死亡人数还要多。

亚伯拉罕·林肯

南北战争时期，将士们在战场上的死亡率约为 1/15（独立战争时，死亡率是 1/50；墨西哥战争时是 1/45；一战是 1/89；二战是 1/56），而南部联盟有 1/4 的白人男性被杀。

南北战争的参战双方是美国两大地理阵营：工业化程度较高的北方，包括北部和西部的 23 个联邦州，大部地区已经废除了奴隶制；以及南方仍然以农业蓄奴的十一个州。1860 年，主张废除奴隶制的共和党人亚伯拉罕·林肯（Abraham Lincoln）当选了总统，南方各州试图脱离联邦，希望能成立独立的国家——南部邦联。而北方则维护联邦政府。

3841000 个棉包

南部邦联首要的问题，就是还没有支持在南方维持奴隶制的政府。就跟北方主张废除奴隶制的政府一样（早在 1804 年，七个北方州就已经废除了奴隶制），由于新器械（例如轧棉机）的发明，以农业为主的南方的棉花产业重新兴盛起来。从 1810 年到 1860 年，棉花产量从 178000 包增加到了 3841000 包，这让南方更加依赖使用黑奴了，黑奴的数量也从 119 万增长到了近 400 万。最先脱离联邦的六个州黑奴占总人口数的比率最高——共占 48.8%。

战争开支的 21% 都来自个人所得税

1861 年，南部邦联军队在南卡罗来纳的苏姆特堡朝北部联邦军开火，这标志着南北战争的开始。7 月 21 日，"石墙将军"杰克逊（Jackson）和将领博乐嘉德（Beauregard）将约 3 万名联邦将士逐出了弗吉尼亚州的玛那萨斯镇。尽管起初，南部邦联军占据优势，然而由于通货膨胀过于严重，经济面临崩溃，南方的势力也逐渐衰落了。

北方的人口更多——2200 万，相比之下，南方仅有 900 万——而且美国五分之四的工业产出都源自北方。战争开始的 18 个月里，北方征收了美国史上第一次个人所得税，该税收占据了战争开支的 21%，此时还发行了第一套美钞纸币。

南方的财政收入和银行业发展则不如北方。它的战争支出靠的是纸币印刷，这导致了财政危机——1863 年，调味料食盐的价格增加了近 30 倍。南方还更加依赖欧洲进口，由于北方封锁了南方港口，其经济受到了严重影响，南方的棉花出口也减少了 90%。

1863 年葛底斯堡战役时，联邦军队成功阻止了南部邦联部队的北上。1865 年 4 月，联邦主将尤利西斯•S. 格兰特（Ulysses S. Grant）发起了最后进攻，4 月 9 日，他在阿波马托克斯接受了南方将领罗伯特•E. 李（Robert E. Lee）的投降。北方的胜利结束了南部邦联，增强了联邦政府的统治，宣告着美国奴隶制的结束。

第 13 条修正条款

1865 年 3 月，美国议会通过了废除奴隶制的法案，如美国宪法第十三条修正条款所述："美利坚合众国和其司法管辖区内禁止奴隶制或强制劳役，除非是对依法判罪的人的犯罪的惩罚"。

133 名奴隶被扔出船

1840 年，英国画家 J. M. W. 特纳（J. M. W. Turner）展出了一幅画作《奴隶船》（*The Slave Ship*），画作描绘了一艘穿过波涛汹涌的海面的船，海水中漂浮着许多尸体和将死之人。他之所以创作了这幅画，是因为他曾读到过一则报道，称 1781 年，贩奴船"棕"的船长将 133 名奴隶扔出了船外，以此来获得保险费。画作的展出与废除奴隶制的会议召开同时，支持的有阿尔伯特王子和世界各地志在废除奴隶制的人们。

18 世纪末期以来，人们逐渐认识到奴隶制度的残忍，而英国的宗教组织已经开始为它的废除而斗争了。到 1804 年，美国大多数北方州已经禁止了奴隶贸易，3 年后，英国（主要的奴隶贸易国之一）商人也停止了奴隶贸易。1833 年时，英王室宣布废除奴隶制，而法国也于 1848 年停止了在殖民区的奴隶贸易。其他地区的奴隶贸易却仍在继续，尤其是北美、巴西和古巴等棉花和糖料需求高的地方。

美国南北战争导致了 1865 年美国奴隶制的废除，然而 19

世纪70年代，古巴和巴西的奴隶贸易仍然在继续——事实上，1870年时，巴西仍然有150万奴隶，比1800年时要多了许多。古巴和巴西分别于1886年和1888年废除了奴隶制，尽管这标志着大西洋奴隶贸易的结束，但阿拉伯和非洲商人仍然将奴隶运送到非洲东部和北部，奴隶贸易一直延续到20世纪。至今，仍然存在着类似奴隶制的被迫劳役，而人权主义者估计，全世界仍然有2100万到3000万名奴隶。

达尔文的502页《物种起源》

1859年11月24日，查尔斯·达尔文（Charles Darwin）的《物种起源》（*On the Origin of Species*）首次出版发行。全书分为十四章，共502页，为"物竞天择"的理念作出了科学的解释。《物种起源》首印1250部，1860年再版3000部——达尔文一生，本书共有6次加印版本。（只有1869年的第五版提出了"优胜劣汰，适者生存"的观点，哲学家赫伯特·

查尔斯·达尔文

斯宾塞也提出了这样的观点。)

早在 20 年前,1837 至 1839 年间,皇家海军舰艇"探险"号的环球航行之后,达尔文就已经确定了他的这一理念。《物种起源》一书在当时的科学界和公众之中都引起了巨大反响,宗教领袖和维多利亚王朝都非常震惊,人类和动物的祖先居然是一样的。然而,达尔文的这一理念仍然对西方社会和思想界产生了深刻的影响,并且也是现代生物学和进化论的基础。

美国的 4 万百万富翁

从 1850 年到 1900 年,北美的工业化发展迅猛。由于钢铁产量从每年 13000 吨增加到 1130 万吨,各种产品产量、出口量、铁路建设和财富都呈指数级增长。到 1913 年,世界三分之一的工业产品都由美国出产,美国的钢铁总产量为 3200 万吨,仅比法、英、德、俄四国产量之和少一点点。

大量的财富接踵而至:1850 年时,美国的百万富翁才不到 20 个,而到 19 世纪末,百万富翁人数达到了 4 万。然而,贫富差距也加大了,1860 到 1900 年间,10% 的美国最富裕家庭拥有全国五分之四的财富。美国繁荣昌盛时代(尤指美国内战后的 28 年间,约 1870 年至 1898 年),最富裕的家庭之一是范德比尔特家族，他们靠船运和铁路业积攒了大量财富。他们家族财富的创始者，科尼利厄斯·范德比尔特（Cornelius Vanderbilt），1877 年死时拥有的财富已达一亿美元，曾一度控制了美国 10% 的流通货币。

亨氏 57

19 世纪末，德裔美国人亨利·约翰·海因茨（Henry John Heinz）发明了罐头食品，他一开始是贩卖辣根酱、菜酱和芥末的，1876 年推出了番茄酱品牌"亨氏"。

1896 年，海因茨开始用"57 个品种"作为标语，之所以用这个，是因为他在曼哈顿曾看到一则鞋子广告，标有"21 款"。而数字 57 的来源海因茨是这么说的："任何种族、任何年龄的人对 7 这个数字赋予了太多的含义，如果换成 58 或 59 我就没什么感觉了。"如今，亨氏每年售出番茄酱 6 亿 5 千万罐，

1910 年亨氏产品的广告

159

那就意味着地球上每一个人能买到两小包番茄酱。

66 座摩天大楼

1860 年，纽约的人口还不足 100 万，而到了 1910 年，常住居民增加到了 480 万。1902 年时，曼哈顿下城约有 66 座摩天大楼正在建设之中。

280 名封建领主大名被废

1854 年，日本被迫开放了两个港口对美贸易，因此结束了自 1639 年来封关锁国的局面。由于后来与英国和俄国等国家签订了不平等条约，一些反德川幕府的武士公开叛乱，推翻了幕府统治。1868 年 1 月，年轻的明治天皇睦仁（Meiji Emperor Mutsuhito）恢复了统治，一年后将都城从江都迁到了江户（后改名东京）。

此后，为了增强日本实力，以驱逐入驻的西方人，明治天皇开始了一系列现代化改革，很快便对日本的社会、政治和经济格局产生了深远的影响。他取消了封建领主大名和武士的封

160

号，废除了 280 多位大名领主，用 72 个西化的行政区取而代之，而武士也失去了之前的封建特权。

1872 年，定都东京的中央政府开始施行征兵制，这标志着由武士垄断的军备机构的结束。同一年，日本开始了初等义务教育制度，因而变成了亚洲最有文化的国度，1900 年时，基本实现了全民脱盲。1885 年，日本确立了以首相为首的内阁政府（然而，当时仍然只有 1% 的日本公民有选举权），而日本的法律和军队完全是按西方模式确定的。

到 19 世纪末，日本的实力已经与欧洲强国相当，1894 年至 1895 年的中日战争中击败了中国，1902 年与英国结盟，1904 至 1905 年的俄日战争中，日本摧毁了俄国的陆上和海上军队，这一消息更令欧洲震惊。

专利号 174465

1876 年，一名住在美国的苏格兰人亚历山大·格雷厄姆·贝尔（Alexander Graham Bell）通过用电报技术传递声音的办法发明了电话。这一发明的专利号 174465，成为了史上最有价值的专利号。1877 年，波士顿城首先安装了电话，到 19 世纪 80 年代早期，美国一共有 6 万部电话，1894 年时，电话数量增加

1916 年，亚历山大·格雷厄姆·贝尔在美国波士顿
为纪念 1876 年电话的发明举行揭匾仪式

到了 285000 部，1904 年时，电话数量最多，为 3317000 部。此时，
贝尔的电话公司，重新更名为美国电话电报公司，成为了美国
最大规模的公司。20 世纪 80 年代该公司破产时，收购价格为
1495 亿美元，据说比通用、IBM（国际商用机器公司）、福特、
施乐、通用电气和可口可乐的价值总和还要高。

1% 的灵感加 99% 的汗水

托马斯·爱迪生（Thomas Edison，1847—1931 年）一生共
有 1093 项发明专利——这足以证明他自己的一句格言：天才就

是 1% 的灵感加 99% 的汗水。他的发明包括摄影机、留声机、长明灯，等等，他的成功之作还包括了与变革现代生活的主要新工业相关的新发明。

他的电力照明公司，拥有纽约城的第一家发电厂，1882 年，这家发电厂为曼哈顿下城的 59 位顾客提供电力。到 1887 年，美国共有爱迪生发电厂 121 家，到 1900 年，北美绝大部分城市都使用了电力照明。

欧洲七国瓜分非洲

从 1881 年到 1914 年，欧洲七国——法国、英国、德国、葡萄牙、西班牙、比利时和意大利——占领、兼并了几乎整个非洲大陆，到第一次世界大战前夕，只有埃塞俄比亚（旧称阿比西尼亚）和利比亚两国是独立的国家。

之前对非洲内陆的探索极大地提高了欧洲国家的兴趣，它们飞速发展的工业亟需非洲未开发出来的矿藏、稀有金属和便宜的原材料。欧洲各国之间的竞争和对抗，使政治局势十分紧张，尤其是 1884 年至 1885 年间的柏林西非会议期间，各国为争夺非洲闹得不可开交。1870 年，欧洲强国只获得了 10% 的非洲领土（阿尔及利亚被法国占领；开普殖民地和纳塔尔归英国所有；

西班牙属摩洛哥
马德拉群岛
喀那瑞拉 伊夫尼 摩洛哥 突尼斯
里奥德奥罗
阿尔及利亚
地中海
利比亚
埃及

冈比亚
几内亚
法属西非
厄立特里亚
盎格鲁-埃及属苏丹
法属索马里
英属索马里
塞拉利昂
黄金海岸
尼日利亚
法属赤道非洲
喀麦隆
埃塞俄比亚
意大利属索马里

利比里亚
费尔南多波岛
里约穆尼
圣多美和普林西比
乌干达 英属东非

大西洋
比利时属刚果
德属东非
卡宾达

安哥拉
北罗德西亚
葡属东非
莫桑比克
马达加斯加

德属西南非
贝专纳
南罗德西亚

斯威士兰
南非联邦 巴苏陀兰
印度洋

比利时
英国
法国
德国
意大利
葡萄牙
西班牙
未被殖民地

0 1000公里

0 1000英里

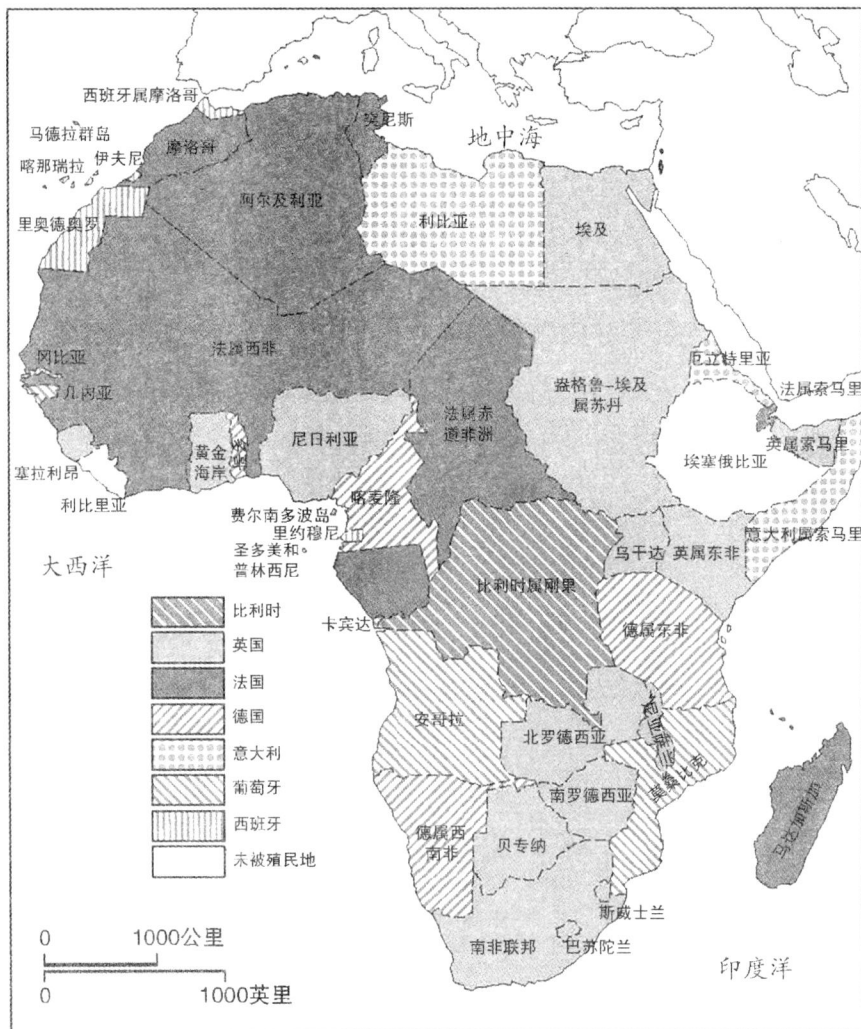

1881 年至 1914 年欧洲在非洲的殖民统治

164

而安哥拉则被划给了葡萄牙）；1914年时，非洲大陆90%的领土都归欧洲统治。

由于以英国、法国和德国为首的欧洲强国之间的混战，以及对非洲的掠夺，使战火燃遍了非洲大陆。尽管遭到了如亚香缇和祖鲁等非洲国家及其统治者的强烈反抗，但因为武器设备方面的优势，欧洲国家还是占据了上风。1900年时，欧洲国家又占据了近1000万平方英里的殖民地（其中，英国就占领了400多万平方英里的殖民地，统治了非洲30%的人口）。欧洲在非洲占领的殖民地面积占全球陆地面积的五分之一。

约26000名布尔妇女和儿童被杀

自17世纪以来，南非好望角就一直处于荷兰布尔（布尔就是农民的意思）人的殖民统治之中。拿破仑战争时，英国占领了开普殖民地（今南非），致使1835年至1843年间，约12000名布尔人在大迁徙时向北部迁徙，以躲避英国的统治和奴役。不久，布尔人建立了两个独立的共和政权，德兰士瓦和奥兰治自由州。

发现德兰士瓦富含金矿和钻石矿之后，英国的淘金者们便试图占领这一地区。于是，1899年至1902年，这里的布尔人和英国人展开了一场为期三年的战争。早期，布尔人占据了上风，但驻扎在南非的约 50 万英军过来增援，人数仅约 88000 人的布尔人显然力不从心。

英军主将霍雷肖·赫伯特·基奇纳（Horatio Herbert Kitchener）决定采用"焦土"政策，毁掉布尔人的农庄，并将平民百姓（主要是妇女和儿童）关押在集中营里。据统计，在集中营里死亡的布尔妇女和儿童超过 26000 人，还有约 13000 到 20000 名非洲人。布尔战争是英国在拿破仑战争和第一次世界大战之间最大规模，也是代价最大的一次战争，有约 10 万将士死亡（其中英国士兵约 20000 人，布尔将士约 14000 人）。

白人拥有 90% 的南非领土

1910 年，南非成为了英国王室的自治领地，包括了之前的开普殖民地、纳塔尔，前荷兰属德兰士瓦和奥兰治自治州。

由于 1913 年原住民的土地运动严格控制了黑人的土地所有权，当时，黑人占有的土地仅为全国土地的 10%，后来稍微提高到了 13%，因此，南非社会和经济相关的法律条文都是反黑人的。（直到 1991 年至 1992 年种族隔离制度宣告结束时，南非十分之九的土地仍然掌控在白人手中。）

在德兰士瓦和奥兰治自治州，只有白人男性才有选举权，而开普殖民地和纳塔尔的大部分黑人都没有公民权益。1910 年，在开普殖民地，85% 的选举者都是白人，10% 的混血种人，而黑人只占了 5%。作为回应，1912 年，非洲中产阶级黑人建立了南非原住民民族议会（1923 年更名为非洲人国民大会），其特定的

纳尔逊·曼德拉

目标就是维护开普殖民地的有色人种和非洲黑人的选举权。

20 世纪 40 年代以来，非洲人国民大会身先士卒，开始反对南非的种族隔离政策。1994 年，纳尔逊·曼德拉（Nelson Mandela）当选为南非政府的首脑，非洲人国民大会统治了南非。

4 亿 5000 万盎司纯银

1901 年，中国政府与被派遣来镇压义和团运动的各国联军签订了一份和约（即《辛丑条约》）。中国政府付出了一笔巨款，花 39 年时间，用 4 亿 5000 万盎司的纯银（按当时的汇率，

相当于3.3亿美元，6700万英镑）赔偿参战国（包括法国、俄国、德国、英国、奥匈帝国、美国日本和意大利）。

这个数目相当于中国政府两年的财政收入，如果加上支付利息，数目还翻了一番。税收随后也增加了，而现有和约的商业条款也改得更有利于西方势力，外国军队驻扎到了北京和其他城市。

为了反对外国干预中国内政，1898年，中国爆发了"义和团运动"（这个名称源自"义和拳"）。起义者们闯入了外国使馆，杀掉了欧洲人和中国基督徒，直到1900年8月，一支19000人的外国联军侵入为止。接下来一个月，慈禧皇太后被迫接受了和约苛刻的条款。

2000年封建统治的结束

《辛丑条约》丧权辱国的条款以及反抗西方势力的失败加速了清朝的衰败，也增加了人们对革命的支持。1911年，革命者推翻了清朝统治，他们的首领孙中山当选为新中华民国的临时总统。最后一位清朝皇帝6岁的溥仪被迫退位，宣告着中国2000多年封建统治的结束。

168

1/2 的人没有选举权

19 世纪时，没有选举权的女性为争取普选权而斗争。英国 30 岁以上的妇女最终于 1918 年获得了选举权，这是由于英国全国总工会妇女普选权协会的不断斗争，该协会成员是更富战斗性的妇女参政权论者，以及第一次世界大战时对妇女角色的态度转变的结果（当时，有 160 万妇女参与了工作，而且半数都是从事机械工程类的工作）。

1893 年，新西兰女性获得了参政权，1895 年，南澳大利亚妇女也获得了参政权（1902 年，澳大利亚联邦的女性也获得了参政权，但是，直到 1962 年，澳大利亚本土的男性和女性才获得参政权）。1896 年，美国怀俄明州 21 岁以上的女性获得了选举权，但直到 20 世纪 20 年代，美国的所有女性才获得了选举权。1932 年，巴西女性获得了普选权。

日本女性获得选举权是在 1945 年，阿根廷是在 1947 年，印度在 1947 年，韩国在 1948 年，智利在 1949 年，埃及在 1956 年，尼日利亚在 1958 年，乌干达在 1962 年，肯尼亚在 1963 年，南非白人女性 1930 年获得了选举权，而所有女性都获得选举权是在 1994 年。中东某些国家落后了不少，伊朗 1963 年才认可了普选权，伊拉克在 1980 年，而 2014 年时，沙特阿拉伯的女性仍然没有选举权。芬兰是欧洲第一个赋予女性普选权的国家，时间是 1906 年，挪威在 1913 年，俄罗斯是在 1917 年（是由俄国革命所导致的）。一战后，德国、奥地利和波兰都赋予了女性普选权，而法国女性直到 1944 年才获得了普选权，比利时 1948 年，1971 年，瑞士成为了最后一个赋予女性普选权的欧洲国家。

"要造八艘，不能等候！"

1906 年 2 月 10 日，世界媒体聚焦英格兰朴茨茅斯，一睹英皇家海军新战舰——无畏舰。被誉为"史上最致命的战舰"，无畏舰配有 10 门口径 305 毫米（12 英寸）的炮，以蒸汽涡轮机做发动机，时速可达到 21 海里（约 39 公里）。

相比之下，其他的战舰可就都过时了。这艘战舰的面世激起了世界各国海军军备竞赛，尤其是德帝国海军，他们更迫切地想要造出无畏舰，并更新他们的武器装备。

而英国民众嚷嚷着要造更多无畏舰，认为只有它们才能保卫国家的繁荣安康。海军的宣传员更是叫嚣道："要造八艘，不能等候！"

欧洲各国间的紧张局势更激化了它们之间的军备竞赛。19世纪末成长起来的工业和军事强国德意志，1882年时与意大利和奥地利结成三国同盟。1884年，法国与俄国签署协约，参与了军备竞赛，而英国1904年与法国签订了协约，1907年又与俄国签订了协约，形成了三国协约。这一系列的结盟协约，原本是为了让欧洲局势太平的，最终却让这些强国深陷世界大战的乱局之中。

悲惨十日

1913年2月9日至19日，墨西哥史称"悲惨十日"，因为在墨西哥城爆发了一系列的革命斗争。城市眨眼成为战区，平民的伤亡率非常之高。斗争之后，墨西哥总统弗朗西斯科·马德罗（Francisco Madero）及副总统被处死，他的将领韦尔塔（Huerta）成为了新总统。这些事件就是所谓的墨西哥革命，1910年时，是由弗朗西斯科·马德罗引导的，随后，墨西哥摄政者迪亚斯（Diaz）第五次当选为总统，自1877年以来，墨西哥一直由他掌政。

革命逐渐由最初的推翻当时秩序演变成了多方参与的内战，很快便波及墨西哥全境，死亡人数约200万到300万（1910

年，墨西哥人口数约为 1400 万）。其不朽的成果就是 1929 年建立了全国革命党，由支持社会革命的政治家领导，继任的总统数位，执政期至 2000 年止。

850 万军人死亡

1914 年 6 月 28 日，奥匈帝国王位继承人斐迪南大公（Archduke Franz Ferdinand），在塞尔维亚首都萨拉热窝被一位波斯尼亚－塞尔维亚少年暗杀，这一事件成为了第一次世界大战的导火索。接下来数周时间，所有欧洲强国都参与了进来，俄罗斯、日本、美国、中东和其他地区也被迫参与进来。

大战的作战双方为：协约国，主要是法国、英国、意大利、俄国、日本和美国（1917 年参战）；同盟国，主要是德国、奥匈帝国和土耳其。

机械化武器装备的使用——从火炮和迫击炮到机枪和手榴弹——导致了大规模的死伤，人数超过了之前的所有战争。约有 850 万军人因战伤和疾病死亡，被火炮击中而死的人数最多，其次是小型武器，再其次就是毒气。被刺刀砍死的人数相对少了很多。由于战乱，人们居无定所，造成了更多平民因疾病、辐射、饥饿和屠杀而亡——人数约 1300 万。

400 英里长的战壕

第一次世界大战爆发后，德国军队入侵并很快占领了比利时大部，不久又扫荡到了法国西北部。1914 年 9 月 5 日的马恩河战役中，他们被协约国军队击溃，退回到了法国马恩河一线。此后，德国军队并没有完全恢复到最初参战时的水平，后来，作战双方都修建了 650 公里（约合 400 英里）长的战壕，从瑞士边境延伸到比利时海岸边。这一战斗区域史称一战的西线战场。

双方随后陷入了三年的堑壕战，双方的机枪和火炮虽然都不能发挥有效的攻击，但造成的死伤率还是很高。两次最糟的战役发生于 1916 年：法国和德国在凡尔登展开了漫长的斗争，德国希望能"榨干法国的血液"。双方共有超过 714000 军人伤亡。与此同时，北部的索姆河上，发生了另一场前所未见的最血腥的战役，超过 100 万将士死伤或被俘——确切而言，德国将士 65 万，法国将士 195000 人，英国将士 42 万。战争的第一天，英国就有 6 万人受伤，2 万人死亡。

尽管死伤严重，但西线战场的战壕并没有给双方带来任何战略上的影响：双方战线改变不超过 16 公里（约合 10 英里）。

3/4 的将士因头部受伤而亡

一战开始的前两年，协约国的将士们头上戴的也只有一顶布帽子。而德国的部队则配有皮革制的尖顶盔，然而却还是无法抵御弹片和炮火的攻击。其所造成的后果——近 3/4 的将士都是因头部受伤而亡——使得英国军部在 1916 年春天给所有将士配备锡制的帽子。1917 年加入战争的美国也因此而为美军将士们购买了约 40 万顶头盔（被称作步兵头盔）。

92000 位俄国将士被俘

1914 年 8 月 26 日至 30 日，坦能堡战役中，俄国第一、二军对抗德国第八军。德国成功歼灭了俄国第二军，92000 名俄军将士被俘，78000 俄军将士死伤，侥幸存活下来的仅 10000 人。而德国 15 万将士只有 13000 人伤亡。

德国还俘获了 350 门俄国大炮，用 60 节火车车厢运回德国。俄国第二军的将领亚历山大·萨姆索诺夫（Alexander Samsonov）于 8 月 30 日饮弹自尽。俄国曾一度占领了奥地利的加利西亚省，然而不久，他们便被奥匈帝国和德国军队击溃，1915年8月，波兰落入了德国手中。到1918年时，革命后的苏联因与德国签订的《布列斯特－立陶夫斯克条约》（*Treaty of Brest-Litovsk*）而退出了战争。

400万殖民军队

一战的战火也席卷了中东和非洲，侵入了远东和中亚。战场上的作战部队还包括了殖民地的军队，有超过400万非白人参与了战争，150万来自印度，另有130万来自英国在加拿大、南非、新西兰和澳大利亚等自治领地。

从1915年4月到1916年1月，印度、澳大利亚和新西兰军队都是效忠英王室的，而法国则试图在土耳其靠近达达尼尔海峡北部的加里波利战役中，迫使奥斯曼土耳其退出战争。印度的3000将士死了一半，2721名新西兰人死亡（占参与战争的新西兰人的四分之一），澳大利亚部队死亡8709人，法国9798人，英国34072人，奥斯曼土耳其56643人。

英国和法国的士兵大都来自非洲的殖民地，参与战争的非洲人约50万。法国部队在战场上杀掉了1186000人，其中，71000人来自法国殖民地突尼斯、摩洛哥、阿尔及利亚、塞内

175

加尔和马达加斯加（五分之一的法国西非殖民地将士死在战场上，而法国人的死亡率仅有十七分之一）。德属非洲殖民地多哥兰和喀麦隆，1914 年和 1916 年分别被英国和法国夺走，1915 年，南非控制了非洲西南部区域，德国游击队也没能成功占领东非。

3870 辆法国坦克

一战时，坦克被首次使用于战场之上。最先使用坦克的是英国，1916 年 9 月 16 日的索姆河战役，第一辆坦克被英国投放到战场上。到战争结束时，英国出产的坦克数量有 2636 辆，法国的坦克数更多——3870 辆。而德国当时并未察觉坦克有何优势，派上战场的仅 20 辆。

一分钟 100 万美元

1918 年春，德国集结了 350 万将士（多数是 1918 年俄国撤出战争之后，从东线调来的），在西线大战一场。然而，由于有美国援军的支持——1917 年，参与战争的有 20 万美国将士，而 1918 年时，美军人数增加到了 180 万——协约国继续战斗并展开了反击，最终于 1918 年 9 月突破了德军的兴登堡防线。

美国兵力源源不断，削弱了德国将士的士气。1918 年 9 月末，美国发起进攻的前三个小时里，美国投入的火炮就比整个南北战争时期使用的还要多，一分钟就消耗了 100 万美元。

这次大规模的秋季进攻战严重影响了德国的原材料和食品进口，而英国当时已经封锁住了德国的海上防线，很快，德国就陷入了混乱之中。1918 年 11 月 11 日，停战协议正式生效。

彼得格勒 20 万工人罢工

一战时，俄国损失了大量人口（约 170 万人丧生）。为了支援战争，政府所做的只是不断地印制钱币，这导致通货膨胀严重，而且许多城市里食物短缺。

两年内，莫斯科生活必需品的价格长了 131%，彼得格勒（今圣彼得堡）的物价长了 150%，1917 年时的物价是 1914 年时的 4 倍。1916 年至 1917 年那个寒冷的冬天，由于物价飞涨，每天的食物和燃料没有着落，彼得格勒数万名妇女走上街头抗议，要求得到面包。2 月 24 日，10 万到 20 万工人继续罢工，大部分人都要求推翻沙皇统治。到 2 月 25 日，彼得格勒陷入瘫痪，军队违抗命令，拒绝镇压起义，沙皇尼古拉斯二世（Nicolas Ⅱ）

被迫于 3 月 2 日退位，结束了 300 多年的沙皇统治。

此后，国会杜马建立了自由的临时政府，很快便遭到了弗拉迪米尔·列宁（Vladimir Lenin）领导的布尔什维克党（共产党）的反抗。1917 年 10 月，列宁发起了政变，夺取了彼得格勒的冬宫，布尔什维克党掌控了政权。它承诺给予俄国民众"和平、面包和土地"。1918 年 3 月的《布列斯特－立陶夫斯克条约》条款虽然严苛，但生效的时间并不长，俄国被迫割让了包括波罗的海沿岸疆域在内，6000 万人口给德国，获得了和平。

红军（布尔什维克党）和白军（更保守的反布尔什维克的俄国人）之间爆发了内战。列宁用拷问和处决等恐怖的方式来镇压反抗，并试图用马克思主义的原则变革俄国，将所有土地和工业都划入政府管理之中。1918 年后，自称俄国共产党的布尔什维克党，获得了领导权，1922 年建立了苏联。

甲流（H1N1）

第一次世界大战刚刚收场，史上最大规模的流行病便爆发了。这种新型的流感病毒，甲型流感，简称 H1N1，据统计造成了全世界 2500 万人死亡（另有统计数据显示，死亡人数可能在 4000 万到 5000 万）。

尽管流传更广的名称为西班牙流感，但这种病毒最初是 1918 年 3 月初在美国堪萨斯城流行开来的。当年冬天，变异之后，它迅速传播到世界各地。一旦感染上，它便会迅速增殖，杀死 20% 的感染者，通常出现症状 2 天后便会死亡。在印度，有 1250 万人因患甲流而丧命，印度尼西亚的死亡人数 150 万（总人口数 3000 万），美国的死亡人数 675000，而英国的死亡人数超过 20 万。这种病毒杀死了世界 3% 的人口。

五年计划

1924 年，弗拉迪米尔·列宁死后，约瑟夫·朱加什维利，自称斯大林（Stalin，钢铁人）控制了俄共。为了使俄国变成现代化的工业强国，他实施了一系列五年计划，号召农庄集体化，加速工业发展。

第一次五年计划（五年里农业收获会有足够的波动期）是 1928 年至 1932 年，第二次是 1933 年至 1937 年，第三次是 1938 年至 1942 年。这些计划重点关注重工业发展：钢铁产量，机械化工具，武器装备和大型的水力发电站。就工业产出而言，1928 年至 1941 年，发电量增加了十倍，铁和煤的产量增加了四倍，这些年份的年平均增长率为 10%。苏联已经变成了一个重要的工业国，二战时能够反抗入侵。

但是，苏联的城市为此付出了沉重的代价。1929 年至 1932 年，每产出一吨钢，就有 19 人死亡。成千上万拒绝离开故土和家园的人被枪毙或是被送往古拉格集中营。20 世纪 30 年代初，政府收购谷物导致国内饥荒爆发，损失了更多人，1932 年至 1933 年，乌克兰苏维埃 1000 万农民因饥饿而亡。

1935 年至 1938 年的肃反运动，对大量农民、政府官员、红军将领（80% 的上将、55% 的师长、连长和指挥官，另有 43% 的其他各级军官）以及共产党成员进行清洗和迫害。斯大林的大肃反运动期间，有超过 1000 万人被送进集中营或处决。

1/5 的人拥有一辆小汽车

20 世纪 20 年代，美国经济迎来了繁荣期，失业率降至 2% 以下，而经济增长率平均每年 7%。英法两国因战争向美国借债，这让美国成为了最大的海外借贷者之一（一半的款都打入了欧洲），纽约城也成为了世界的主要钱庄之一。随后，国债的减少使税务一降再降，美国一跃成为世界主要的出口国，1929 年，出口额占世界出口总量的六分之一。

经济的繁荣也使得市场对日常用品的需求增加了，如收音机、冰箱，尤其是小汽车，其他耗电产品也增加了一倍。以亨利·福特（Henry Ford）为先锋的汽车产业产量那十年内增长了一倍多，到1930年时，五分之一的美国人拥有一辆小汽车（相当于每家一辆汽车），英国直到20世纪60年代才赶上这个水平。如今，美国的户均汽车拥有量为2.8辆。

90分钟造一辆车

到1920年，亨利·福特引领了美国汽车行业的创新，1908年，首先制造出了福特T型车。到1914年时，车的售价不到500美元，而对这种车的大量需求使其当年产量达到50万辆。流水线生产使福特车的产量大幅提高，福特在底特律的工厂每辆车的生产时间从12个半小时减少到90多分钟。

1908年公开展出的福特T型车

国际贸易量减少了60%

20 世纪 20 年代的经济繁荣突然走向了没落，1929 年，出现了华尔街经济危机。美国联邦银行宽松的信贷政策导致了市场过热（1900 年时，美国的平均家庭债务还只有 5%，但 1929 年时就增长到了近 10%），引起了投资者的过度投资。由于出现了恐慌式抛售，股价暴跌，10 月 29 日黑色星期二，有 1600 万支股票被转手（四十年内，再没有突破这一数据的记录）。

由于美国经济不断衰退，大量工厂倒闭，农民破产，五分之一的银行停止运营，所以后来出现了经济大萧条。成千上万人失去了家园，约 1400 万人失业。美国银行被迫向欧洲借债，关税提高，国际贸易量减少了 60%，世界各国的经济都因此而受到不小的冲击。英国的失业率达到了 25%，德国 40%，全球工业产出减少 40%，对原材料的需求减少对南美洲、远东和非洲各国的经济造成了巨大打击。

20 世纪 30 年代中期，一些国家的经济开始逐渐复苏，但对包括美国在内的大部分国家而言，直到第二次世界大战结束后，它们的经济才逐渐复苏。除了 2007 年至 2008 年间的金融危机再次让美国的国债见涨之外，再没有什么灾难比经济大萧条造成的后果更严重的了。（通常，债务占 GDP 的 150%，而经济大萧条之前，债务水平增加到了 200%，2011 年时，更是增长到了 400%。）

甘地 24 天的食盐进军

1930 年 3 月 12 日，印度的精神领袖圣雄甘地（Gandhi）和 79 名支持者们开始了一场行程 380 公里（约合 240 英里）的徒步进军，从印度古吉拉特邦的艾哈迈达巴德到阿拉伯海岸的丹地，耗时 25 天。抵达之后，在世界媒体的见证下，甘地收集起海岸上的盐土，通过蒸煮提炼盐。之后，他继续率领支持者们沿着海岸向南方走，发表演说，直到 1930 年 5 月 5 日被捕为止。

甘地的反抗原本是要给英国政府难堪，他们对盐征税虽然仅占

1930 年圣雄甘地的食盐进军

183

英王室税务的 8.2%，但却给了印度穷苦民众最深的伤害。这一事件使全世界都开始关注印度的独立运动，1919 年，英国廓尔喀军队朝一大帮非暴力反抗者开火，杀害了 372 人，击伤了 1200 多人，制造了阿姆利则惨案之后，印度的独立运动愈演愈烈了。

此后，由甘地领导的印度国民大会获得了大部分人的支持，食盐进军导致了印度各地成千上万人大规模的非暴力反抗运动的兴起。印度政府试图控制局面，然而印度国民大会却继续呼喊着要求完全独立。

到 1947 年独立时，印度教和伊斯兰教之间激烈的冲突使南亚次大陆分裂为印度自治领土和巴基斯坦两个部分。约 1500 万印度教、伊斯兰教和锡克教徒被迫分割在分界线两侧，这也是史上最大规模的人口被迫迁徙。新组建的政府完全没有能力处理如此多的移民。于是爆发了武装冲突，公开的屠杀中有 100 万人惨遭毒手。

毛泽东的 8 万人长征

从 1934 年至 1935 年，一支 8 万人的部队耗费一年的时间挥师北上，从中国江西省徒步行军，抵达了陕西省，史称长征。这支部队的首领是马克思主义革命领袖毛泽东，1931 年，他和朱德在南中国的江西省建立起了中国的第一支苏维埃政权。以蒋介石为首的国民党曾试图剿灭他们，但几次剿灭都未果，1934年，他们开始反击。

他们采取了绕道返回北方的路线（以避开国民党统治区），绕行的路线十分陡峭曲折，总距离估计在4528公里到12875公里（3000英里到8000英里）之间，而毛泽东认为是后者。只有2万人完成了整个行程（他们大部分人都因为环境的荒凉、饥饿和疾病而亡，但长征路上也有过战斗）。长征确立了毛泽东的威望，他在延安建立了共产党总部，并继续对抗国民党。

第二次中日战争（1937—1945年）时，共产党奋力打击日本，并继续扩大他们的势力范围，到战争结束时，中国已有9600万人受共产党领导。国共两党的内战以共产党的胜利结束，1949年，共产党建立了中华人民共和国，毛泽东为第一任主席。

200万纳粹党人

德国严重的通货膨胀情况——1922年，1美元等于50马克，而到了1924年，1美元却相当于2.5万亿马克——加上华尔街经济危机之后，经济不景气，失业率高涨，这些都让德国经济

1936 年奥运会期间，德国柏林卢斯特加尔滕的一次纳粹集会

颓废，社会不安定。德国国家社会主义工人党，又称纳粹党，就是在这种背景下掌控政权的。

1921 年 7 月，奥地利出生的前一战下士阿道夫·希特勒（Adolf Hitler），成为纳粹党党首，他承诺给人们提供工作，重新赢得德国的民族自尊，拒绝接受一战后《凡尔赛和约》（*Treaty of Versailles*）的屈辱性条款。他对俄国布尔什维克党和犹太金融家们造成的经济危机的指责也获得了全体选民的共鸣。

1933 年他掌权时，纳粹党人数已经达到了 200 万——希特勒强军的幌子诱使大部分人加入了纳粹阵营。作为首相，希特勒很快便确立了一党专政的体制，打击他的对手，1934 年，他自命为德国独裁者。此后，希特勒将钱投入了军队和公共事务，重振经济状况，并建立了残酷的秘密警署，完全控制了德国全境。

犹太人占总人口数的 1%

　　纳粹思想的核心就是德裔至上，他们的霸权只能通过肃清其他"劣等民族"才能实现，这些"劣等民族"包括犹太人、共产党人、吉普赛人、同性恋者和有心理疾患的人。希特勒尤为反感犹太人，他一执政就将犹太人排挤出了德国社会。1935年颁布的《纽伦堡法》（*Nuremberg Laws*）剥夺了犹太人的公民权，禁止犹太人经商，1938 年的"水晶之夜"事件中，犹太会教堂和商铺遭到了袭击和洗劫。

　　德国的犹太人有 20 万，仅占总人口数的 1%，然而犹太人在经商、银行业和工业方面的成就激起了其他德国人的嫉妒——29 位德国最富有的金融家和银行家之中，就有 5 位犹太人。德国占据了波兰后，控制的犹太人数增加到了 200 万，而 1941 年德国占领了波罗的海沿岸各国和苏联西部之后，德国控制的犹太人数更是增加到了 500 万。

4万人加入国际纵队

1936年，一些反对西班牙社会主义共和政府的保守派将领发起的武装政变，最终演变成了西班牙内战。从1936年7月17日到1939年3月28日，有100万人因战争而丧生（60万死在战场上）。

这些叛军史称民族主义者，将领是弗朗西斯科·佛朗哥（Francisco Franco），获得了意大利法西斯和纳粹德国的支持。共和政府则由苏联和其他国家的自由主义者们支持，这支国际志愿者纵队由4万名外国人组成，其中，法国人1万名，德国人5000名，波兰人4000名，意大利人3500名，英美两国一共2500人。由于共和政府势力分散，民族主义者逐渐攻占了南北方的区域，1939年，他们攻下了巴塞罗那。战争的残暴程度震惊世界，西班牙平民被德国空军轰炸机炸得尸骨全无，双方对待彼此的手段都很残暴。3月28日，叛军侵入了马德里，佛朗哥一直以法西斯理念在西班牙施行独裁统治，直到1975年他逝世为止。

30 万平民遭到屠杀

第二次中日战争（1937—1945 年）早期，日本占领了中国东部的大部分领土。1937 年 12 月，日本军队侵入了中华民国首都南京，在那里烧杀抢掠，无恶不作。6 周之内，约 6 万到 30 万中国平民和战俘失去了生命，南京城被毁掉了三分之一。日军后来被遣往太平洋主战场和东南亚作战，1945 年，同盟国军队击败了日本，结束了它对中国的入侵。对大部分人而言，南京大屠杀显示出了日本人的野蛮残暴，即使在战争结束之后，这种臭名声也一直为人类所不齿。

6 个德国装甲师

1939 年 9 月 1 日凌晨，希特勒侵入波兰。他率领的部队约 150 万人，由 40 个临时组建的步兵师，6 个装甲师组成，配有 2400 辆坦克，4 支机动部队和步兵队（搭乘卡车和运兵车等），以及 1929 架新式的飞机。波兰军队约有 100 万人，但却没有坦克、装甲运兵车和反坦克或反飞机类的机枪，只有 750 辆装甲车和 900 架过时的飞机。

因此，德国人开始了"闪电战"——首先出场的是进退灵活的坦克和其他装甲车，突破敌人的防线，紧接着是机动部队，一切都交由强大的空军掩护——这样的袭击方式无懈可击。德国训练有素的装甲师在欧洲无可匹敌（同盟国虽然坦克不少，但 1939 年时还没有装甲师）。

德国侵入波兰两天之后，英法两国放弃了之前的中立政策，对德宣战。由于与纳粹签订的一项秘密和约，9 月 17 日，苏联军队从东部进入了波兰，几天的时间里就占领了 77000 平方英里的领土，苏联仅有 4000 人伤亡。

9 月 28 日，波兰大部沦陷，华沙遭受了两个星期的炮火攻击之后（一天近三万发炮弹），放弃了抵抗。波兰被德国和苏联瓜分：约 150 万波兰人，大部分是东部的平民，被苏联俘获，35 万人丧命，苏联监狱里关押着至少 25000 名波兰人。德国俘获了近 70 万波兰人。7 万波兰将士被杀，超过 13 万人受伤。德国失去了 16000 名将士，另有 3 万人受伤。

1030 马力的劳斯莱斯 PV-12 发动机

经过六个月的休整之后，希特勒重新集结了部队，1940 年

4 月，德国装甲师继续对丹麦、挪威、比利时、荷兰和法国展开闪电式突袭。德国侵入法国北部，切断了同盟国部队进入法国的路线，致使约 338000 人的英法联军从敦刻尔克海岸撤退，德国入侵两周之后，6 月 22 日，法国沦陷。此后，法国一直由德国军队占据，并建立了以菲利普·贝当（Philippe Pétain）将军为首的维希政府。

1940 年 8 月，德国在英国的工业区、铁路和英皇家空军的飞机场实施了一次大规模轰炸，英国已经变得岌岌可危了。不列颠之战初期，英国皇家空军只剩下 650 架战斗机，而德国纳粹空军有近 8 百架战斗机和一千多架轰炸机，备用的飞机也有数千架。

英国启用了"飓风"号飞机来抵御轰炸，海上喷火式飞机来与德国的战斗机抗衡。这种喷火式飞机以 1030 马力的劳斯莱斯 PV-12 发动机（后被称为墨林）发动，非常适合高海拔作战，

德国梅塞施米特式喷火战斗机

191

其速度和灵活性都堪与他们的主要对手德国梅塞施米特 Bf 109 战斗机匹敌。多数人认为，这种喷火式战斗机与英国先进的雷达警报系统，给予了英国皇家空军亟需的支援，使德国空军在英国南部领空失去了获胜的优势。

结果，希特勒先是延缓，随后放弃了入侵英国的计划，从 1940 年 9 月开始，德军几乎完全都是夜间作战。然而德军对英国城市的轰炸持续到了 1941 年 5 月（史称"伦敦大轰炸"），杀害了近 4 万平民。

1/5 的英国战斗机飞行员牺牲

不列颠之战中，英国皇家空军失去了 544 名战斗机飞行员——占飞行员总数的五分之一——和 801 位轰炸机司令部空勤人员。德国空军损失了 2698 位机组成员。

同盟国一次袭击派遣 1000 架轰炸机

1940 年 5 月 15 日，英国皇家空军对德国展开了第一轮战略性轰炸。从 1942 年开始，英国就不断对德国的工业区和平民区展开轰炸。1943年的火力轰炸炸死了汉堡近42000平民，1945年炸死了德累斯顿近8万平民——直到今天，具体的数目仍然有争议。

在美国的帮助下，德国上空的同盟国空军一次轰炸就要派遣1000架轰炸机。据统计，同盟国的轰炸造成了德国40万到60万平民死亡，法国死亡人数约为67000人，德国的轰炸也造成了6万英国人死亡。

360万入侵部队

1941年6月22日，德国对之前的盟国苏联展开了史上最大规模、最气势汹汹的入侵。法西斯轴心国（德国、意大利、日本）部队包括了360万将士，3600辆坦克和2700架新式飞机。苏联军队250万人，坦克和飞机数量是敌军的3倍（10000辆坦克和8000架飞机），然而相比之下，苏联的飞机都是旧式的，不及德国飞机那般先进。

这次野心勃勃的行动，代号巴巴罗萨行动，是因为希特勒试图摆脱苏联控制，在东部建立德意志王国，完全摒弃布尔什维克思想而发起的。他还留意到，苏联的原材料和日用品供应很足，高加索地区的石油储量丰富。德国兵分三路，沿着1800

英里的前线入侵，到 1941 年 10 月，他们包围了列宁格勒（今重新命名为圣彼得堡），开始了为期 900 天的围攻，并进犯到了莫斯科郊外，占领了乌克兰首都基辅，并俘虏了 300 万苏联人。11 月，德国侵入莫斯科，因此，苏联开始反击，1942 年 1 月，德国被迫后撤了约 200 英里。

1942 年夏末，德国军队开始入侵斯大林格勒（今伏尔加格勒），随后又转变成了逐楼逐屋的争夺战。1942 年 11 月末，苏联红军的反击最终使两支德国部队陷入包围圈中。1943 年 1 月末，冯·保罗斯将军（General von Paulus）违背希特勒战斗至死的命令，投降了——91000 名又冷又饿的德国人被苏联俘虏，大部分人都死在了苏联监牢或集中营里，只有五六千人存活下来。轴心国估计有 80 万人死伤或被俘。斯大林格勒之战期间，约 110 万红军将士伤亡，另有 4 万平民被杀。

希特勒袭击苏联失败成为了二战的一个重要转折点。世界两大军事国家的对抗造成的伤亡人数令人震惊。德军入侵造成的苏联死亡人数并没有确切的统计结果，但估计有近 2700 万将士死亡，占了平民死亡人数的一半以上。多数都是在战争中死亡的，但还有包括犹太人、苏联官员和其他平民百姓在内，上千万人被德国人杀死。还有人因饥荒和疾病而亡。

8 艘美军战舰被毁

1941 年 12 月 7 日早晨，日本对美国夏威夷欧胡岛的珍珠港展开了突然的空袭，这一点出乎了所有人的预料之外。数小时的时间里，8 艘美军战舰被击沉或严重损毁，2400 位美国军人遇害。

这次突袭将美国拉入了同盟国阵营，英国首相温斯顿·丘吉尔（Winston Churchill）称，当晚他"睡了一个安心觉"。此后，由于破译了敌军的密码，1942 年 5 月的珊瑚海海战和 6 月的中途岛战役中，美国舰队击溃了日本舰队。到 1943 年，美国在太平洋地区占据了海上和空中的绝对优势，并重新夺得了多个被日本强占的地区。

一天 20 支烟

二战时，太平洋战区的美国将士每天能得到 20 支烟。而北非战场的意大利将士都是自带咖啡机。

1.59 万亿亿次组合设置

1932 年，波兰特勤局成功发明了英格玛（Enigma）密码破译机，德国人用这种复杂的机器传达加密的信息。然而，到战争爆发之时，德国人一天至少要重新调一次英格玛复杂的齿轮，和三到五个转子，这一次重调可以让密码重新组合 1.59 万亿亿次。

但是，1940 年 1 月，英国布莱切利站的数学家们破译了通过英格玛加密的信息。他们用的是高速的电子器械"瓜形甜点"，能破解出所有可能的齿轮排列方式，以获得最新的密码。

英格玛密码破译专家送来的情报，加上先进的雷达，使英国海军部在大西洋战争期间重新规划了海上航线，避开了德军潜艇狼群战术的袭击（1942 年，德军对同盟国商船进行了潜艇袭击，每个月平均有 96 艘船被击沉）。英格玛情报——英国代码奥卓——在北非战场对同盟国也非常重要（使英国海军切断了德国的供给线），在意大利战场和诺曼底登陆时，它也帮同盟国军队制造了一个假象，让希特勒猜不透盟军的具体登陆地点，这也是同盟国取胜的关键所在。

娘子关 33761 人被害

由于德国控制了波罗的海沿岸各国和苏联西部，被枪杀的犹太人比率也逐渐升高。1941 年 9 月，基辅的所有犹太人被迫去了城市某个地点等待重新安家。然而，事实上，他们是被送到了娘子关，然后枪杀，每个人都被迫躺在一座尸山上，然后他们也被枪杀了。36 个小时之内，被杀害的有 33761 人。整个地区（主要是苏联各国西部、波兰东部、立陶宛、拉特维亚和爱沙尼亚）的男女老少都是这样遇害的，到 1941 年底，共有约 100 万犹太人遇害。

1942 年，德占区有大量平民被枪杀，煤气车首先用苏联俘虏做了试验，随后也派上了用场。1942 年，纳粹领导人决定的犹太问题的最终解决方案，就是把犹太人关进劳动营或死亡营，其中，6 个波兰的营地只是为了杀害犹太人而建的。莱因死亡营（以盖世太保长官莱因哈德·海德里希的名字而命名）中死亡的犹太人有 150 万，还包括了苏联和波兰俘虏、同性恋、身体和心理残疾的病人，以及纳粹统治区的其他少数民族。而纳粹杀害的犹太人一共有 600 万。

奥斯维辛集中营 100 万犹太人死亡

在波兰的奥斯维辛灭绝集中营，有 100 万犹太人因纳粹党人用谋杀、鞭抽、挨饿和毒气等各种方式而被折磨致死。其他集中营的状况也都差不多。特雷布林卡有 75 万人死亡；贝尔塞克 50 万；索比堡 20 万；海乌姆诺 15 万；卢布林 5 万。其他的集中营里关着的是纳粹认为不应该那么快就死的人，然而，犹太人是最惨的：300 万犹太人在集中营里死亡。

诺曼底登陆的 5 个登陆地点

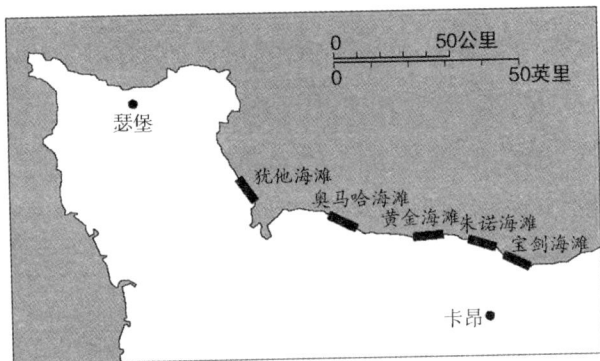

1944 年诺曼底登陆

到 1944 年，德国在欧洲的霸权得以削弱，而同盟国军队开始攻击诺曼底（这一天被称作大规模进攻开始日，尤指诺曼底登陆）。1944 年 6 月 6 日，盟军将士在德国不知情的情况下从诺曼底地区五处海滩登陆：犹他海滩、奥马哈海滩、黄金海滩、朱诺海滩和宝剑海滩。这是史上最大规模的海上登陆战，盟军军队有 3000 艘登陆舰，2500 艘其他船只和 500 艘海军舰艇。前一天晚上，822 架航空母舰作为入侵的先锋部队，在内陆地区投入了大量伞兵和牵引滑翔机，白天还有 13000 架战机支援地面部队。

在掩体的重火力掩护下，英国和加拿大军队从黄金海滩、朱诺海滩和宝剑海滩登陆，而美军则从犹他海滩和奥马哈海滩登陆。美军第一师在奥马哈遭遇了最激烈的还击，造成了 2000 多人伤亡。第一天，盟军至少 1 万人伤亡，4414 人确认死亡。德国的伤亡人数至少 4000 人，但实际上可能有 8000 人。

8 月 25 日，同盟国军队最终突破了德军防线，解放了巴黎。此后，盟军深入欧洲，坦克大决战时，盟军在法国阿登高地击退了德军的反击。1945 年 3 月，同盟国军队侵入德国，与苏联军队会和。眼见战争失利，1945 年 4 月 30 日，希特勒自杀，1945 年 5 月 8 日，同盟国军队接受了德国的无条件投降，二战欧洲战场的战事结束了。

B-29 超级空中堡垒投下的原子弹

欧洲战场的战事结束了，但太平洋战场的战事仍然在继续。从1945年3月开始，美国派遣轰炸机炸了东京和其他日本城市，造成了约35万到50万日本平民死亡。到六月末，美军对日本的硫磺岛和冲绳岛发起了猛烈攻击，但日本拒绝投降。

因此，8月26日，一架名为艾诺拉·盖的B-29超级空中堡垒轰炸机（即重型远程轰炸机）在日本广岛投下了一颗原子弹"小男孩"，很快就杀死了8万人。三天后，另一架名为博克斯卡的B-29轰炸机在长崎扔下了第二颗原子弹"胖子"，造成约4万人死亡。随后，还有很多人因辐射污染和烧伤而亡。再加上8月14日苏联宣布对日作战，终于，日本宣布投降。

超过 5000 万人死亡

第二次世界大战造成了5000多万人死亡，其中至少3500万平民（苏联2000万，波兰570万）。有约1000万到1700万平民由于受纳粹的意识形态政策压迫而死亡。超过1亿人服役，是人类史上服役人数最多的。

联合国 51 个成员国

联合国的概念及其维护世界各国和平协作的目标，最初是 1941 年美国总统罗斯福（Franklin D.Roosevelt）和英国首相丘吉尔提出的。第一次联合国大会于 1945 年 4 月 25 日在美国旧金山市召开，参与会议的代表来自全球 50 个国家。波兰没有人出席，但也被视为联合国的创始成员之一。

大会签署了《联合国宪章》，并于 1945 年 10 月 24 日颁布施行。安理会常任理事国有权否决任何实质性决议，大会确定了五大安理会常任理事国（现在仍然有效）：法国、中国、英国、美国和俄罗斯联邦（1991 年苏联解体后，由俄罗斯联邦继承）。现在，联合国有 193 个成员国。

数字展望未来

第二次世界大战是一个重要的历史性的分水岭，改变了世界的面貌。二战中投放的原子弹，意味着我们已经为核武器时代的到来埋下了祸根。冷战期间，东西方列强之间的僵局持续了半个多世纪。然而，推动了战争进程的新技术和改革给现代和平生活也带来了无穷的利益，尤其是 X 光、抗生素和免疫接种在医疗界广泛使用。

尽管世界各地仍然不时会出现经济衰退、自然灾害和战争，但现代人的寿命更长，生活方式也更加健康，生活水平与之前相比也有了质的飞跃，第二次世界大战促进了当代生活的改变。如果按二战以来的发展速度继续前进，未来，我们还会看到数字构建的更美好的宏图。

参考书目

Brazier, Chris, *The No-Nonsense Guide to World History* (New Internationalist, 2001)

Bryson, Bill, *At Home* (Doubleday, 2010)

D'Efilippo, Valentina and Ball, James, *The Infographic History of the World* (HarperCollins, 2013)

Daniel, Clifton, *Chronicle of America* (Simon & Schuster, 1989)

Ferguson, Niall, *Civilization – The Six Killer Apps of Western Power*(Allen Lane, 2011)

Green, Rod, *Wonders of the Ancient World* (Templar)

Hastings, Max, *All Hell Let Loose – The World at War 1939–1945* (HarperCollins, 2011)

Haywood, John, *The Ancient World* (Quercus, 2010)

Hobbes, Nicholas, *Essential Militaria* (Atlantic Books, 2003)

MacGregor, Neil, *A History of the World in 100 Objects* (Allen Lane, 2010)

Marr, Andrew, *A History of the World* (Pan Macmillan, 2012)

Marriott, Emma, *Bad History – How We Got the Past Wrong*

(Michael O' Mara, 2011)

Marriott, Emma, *The History of the World in Bite-Sized Chunks* (Michael O' Mara, 2012)

Martin, Guy, *How Britain Worked* (Virgin Books, 2012)

Martin, Guy, *Speed* (Virgin Books, 2014)

Oxford Children's History of the World (Oxford University Press, 2000)

Oxford Dictionary of World History (Oxford University Press, 2000)

Reynolds, David, *America – Empire of Liberty* (Allen Lane, 2009)

Roberts, J. M. *History of the World* (Helicon, 1976)

Rogerson, Barnaby, *Rogerson's Book of Numbers* (Profile Books, 2013)

Townson, Duncan, *The New Penguin Dictionary of Modern History 1789–1945* (Penguin Books, 1994)

索引（按英文首字母排序）

205

206

207

208

209

210

211

212

213

214

215

217

219

220

221